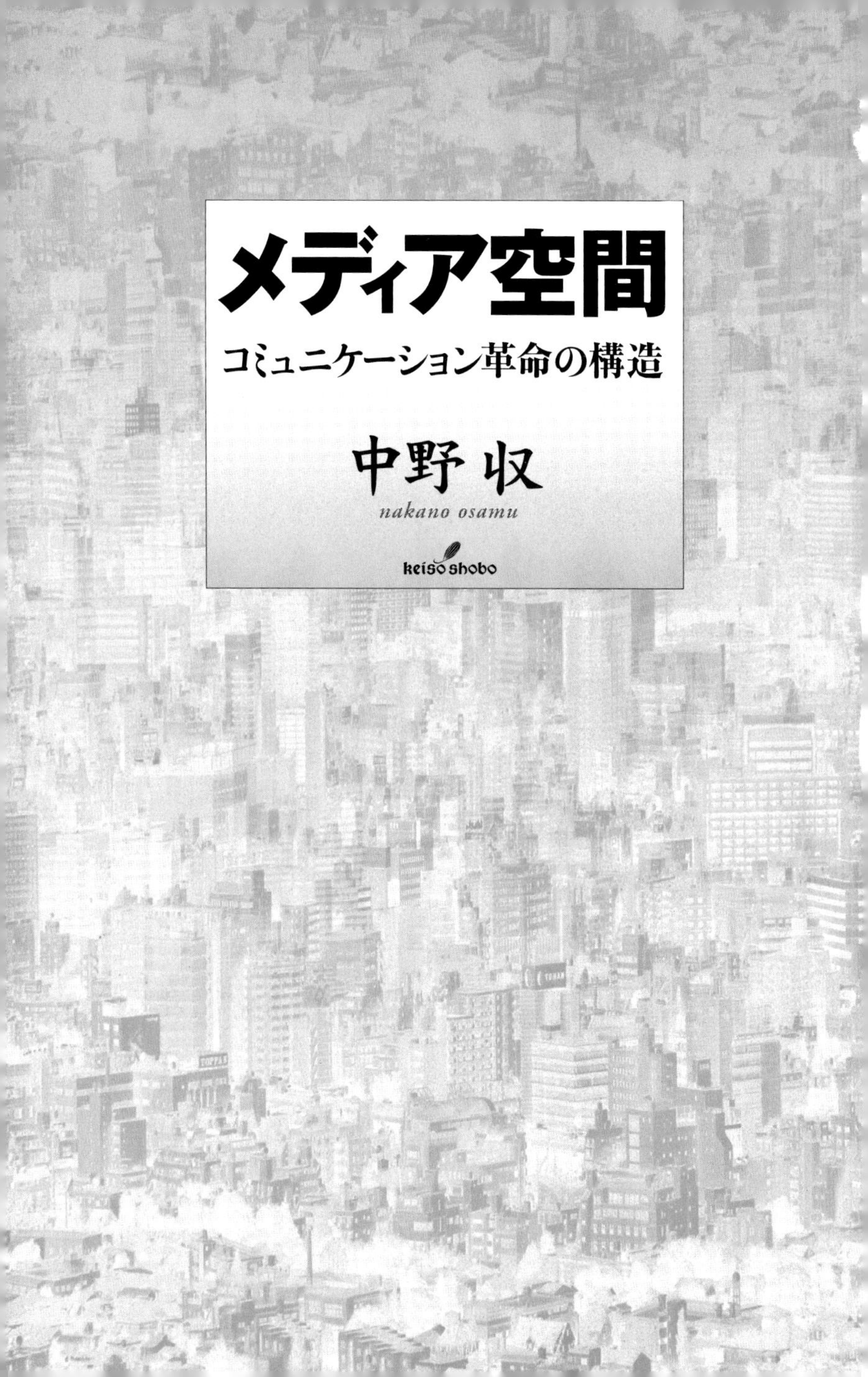

メディア空間

コミュニケーション革命の構造

中野 収

nakano osamu

keiso shobo

はじめに

この本は、前著『メディア人間――コミュニケーション革命の構造』（勁草書房、一九九七年）の続編という形をとっている。もうちょっと正確にいうと、最広義の「メディア社会」に対して、前著では、人間（humanityという意味）と文化というアングルからアプローチし、特にその変容の過程に着目して「メディア社会」の本性・本質の考察を試みている。一方、本書は、大昔から現在まで人々が「生」を営む場に存在していた数々・種々の記号＝メディア、そのメディアが必ず人間を含みながら形成していた空間（「場」とも「状況」とも「状態」ともいえる）を「メディア空間」と名付け、定義付けをし、それをアングルとして「メディア社会」を描写し分析するという試みである。アングルとアプローチの違いはあるけれど、対象は同一である。もちろん、視る角度が違うわけだから、違ったものがみえる。が同時に、同じものもみえている。したがって、前著との、ぼくにしてみればごく表面的と思っているが、記述の重複は、随所にある。「同じこと書いてるじゃないか」というお叱りを受けることだろう。行論の必要上書いているのであって、その記述の意味するところは違う。その違いを読みとってほしいと切に願う。お忙しい読者にはムリかな？

この「メディア空間（論）」も一冊でまとめるつもりだった。第Ⅰ部で「社会的メディア空間」を、第Ⅱ部で「私的メディア空間」とその集合態を、第Ⅲ部で「メディア空間のヴァーチャリティ（仮想性）」を扱い、それで一冊に、と思っていた。ところが、第Ⅰ部、第Ⅱ部が予定よりヴォリュームが増え、しかも第Ⅰ部で扱う予定だった、文化という社会領域に成立する「メディア空間」は、前著との関係について考えがまとまらず安定せず、早い話、書けなかった。ぼくの能力不足なのだが、「書けない」ことに何か意味があるんじゃないか、とも思っている。

ぼくは、「メディア空間」は、最初からヴァーチャリティを含んでいた、とみている。その「含有率」は、メディア空間の性格や、その歴史性で様々ではあるが。だからこそ、ということになると思うが、そのヴァーチャリティの歴史、それが今話題の「ヴァーチャル・スペース」「サイバー・スペース」「ネットワーク」等々にまで至る過程、その只今の到達地点にあるたとえば「ヴァーチャル・スペース」とはいかなる「メディア空間」なのか、等々は「空間論」をやる以上、書かねばならない（その一端には前著でもふれているけれど）。文字通り、本格的に考え、描き、分析し、モデル化しなければ、と思っている。今回は、個人的事情もあって、この第三部は書けなかった。本書にかかわる作業が終りしだい、文化領域でのメディア空間と、「メディア空間」のヴァーチャリティの問題にとりかかる予定である。

ぼくの「メディア社会論」のイメージにはもうひとつのアングルがある。それは「メディアは、社会・文化・個人のつくるエンティティ（統一体）に対してシステムとしてからみついている」という仮説に基づいている。この点に関しても、「メディアと個人のつくるユニット」といった表現で、前著で緒口《いとぐち》については書いた。「メディアと個人のユニット」、換言すれば「man-medic system」、これを基礎的な単位《ユニット》もしくは要因として、その社会的形成と構成を考察する——という構想である。これは、書きたいとは思っているが、そのための余裕・余力については、まったく自信がない。

第I部だけでは、若干枚数に不足があったので、本書を執筆していた時に併行して書いたエッセイ二本を第II部にかえた。本論に直接関係はないが、「メディア社会論」の「外論」もしくは「場外編」として位置づけられると思っている。いずれにも、ぼくのメディア観が、ごく現実的なことがら、個人的体験を素材にして、間接的に描かれている。この部分は、何人かの読者の思い出にふれるはずである。読みものとして読んでいただければ、いいと思っている。

本書も、文体、「語り口」、講義の時の「呼吸」等々で、前著を踏襲している。したがって、本書の中でも記述の重複、「ことばを変えて同じことを二回」等が、多々ある。講義や口頭での報告を聞く「間合」で、読み流していただければいい。第I部、第II部は、独立である。論理的な前後関係は、ずっと後に退いているから、第I部を読まないと第II部がわからない——というようなことは絶対にない。さらに各節も、I部・II部ほどではないが、やはり独立であるから、これもどこから読んでいただいてもいいようになっている。なにしろ、かなり以前から、講義に続けて出席している学生の数は、ごくごく少ないのだから。「読み切り連載」という形式の講義は増加中である。

こんなことをやっていると、いずれ取り返しのつかぬことになる……?。学問、科学、教育、学校、学級、教師を、この五〇年、バカにし続けたわけだから、学級崩壊は当然で、いずれ教育・学問崩壊にまでいくんじゃないか。閑話休題、話をもどす。

前著もそうだったけれど、本書でも「註」を重視している。ちゃんというと、ひとつの興味のもてるよみものに、という気持で書いている。つまり、独立した文章になるべく近づけ、本文を補強しているけれど、本文には依存しない、というネライで書いたつもりである。成功しているかどうかは、読者に判断してもらうしかないが。なおサブタイトルは前著と同じにした。メディアイノベーションがあるとメディア社会の核心が可視的になる以上、「空間」の副主題はやはりこれでなければならない。

それでは、講義を始めよう(*)。

＊ はしがきに註をつけるのも変な話であるが、「崩壊」を考えるさいに、いささか参考になるのでは、と思うので、ひとつちょっとユーウツになるエピソードを紹介する。

この数年、年間二十数回の講義のうち一〇回ぐらい、講義の冒頭でぼくのいう台詞は、

「私語はつつしんでもらいたい。授業を聴こうとしている諸君の基本的な権利を侵害し、授業妨害になるから。採点はテストによる。テストには、よく出席した学生用の問題と、ほとんど出席していない学生用の問題と、二題提出する。もちろん、採点時には若干の配慮はする。したがって、講義に出たくない、講義が面白くない、講義に意義を見出せない、私語したくなる、途中退出したくなる等々の諸君は、出席しないでよい。本当は出席しないでほしい。途中退出の瞬間、教室がある種弛緩した雰囲気につつまれる。これまた授

業妨害である。サッカーにルールがあって初めて人を魅了してやまないゲームが成立するように、教室にもまた、ルールがある。ルールは守るべきだ。ルールを守る意思のないものは、出席すべきではない」

というものである。二回に一回はいっているけれど、しばしば私語で講義はできなくなるし、途中退出者はほぼ同じ数いる。「どうなってるんでしょうねえ」というのが、昨今のぼくの感想である。

この二〇年、入学者の偏差値は一〇点以上上昇したけれど、テストの答案の出来は着実に低下し続けている。講義崩壊、そして大学崩壊が寸前にせまっているカンジである。そのせいか、現首相は「教育改革」「教育の見直し」を主張し、野党側がこれを批判している。が、教育の現場からすると、「改革」も「見直し」も不可避だとは思うけど、その内容をみると、「違うんだなあ」といわざるをえない。どこからそういう話や案や提言がでてくるのか、まったく見当もつかない。

メディア空間　目次

I　社会的メディア空間

人間が種としての歩みを始めた時、ある規模の集団を成していたことは、どうやら明らかなようである。種として出発して、文化をもった人類になる過程は、相当に長期に及んだと思うが、その間、類人猿が現在行っているのと比べれば、相当にレベルの高いコミュニケーションを行っていて、そしてそのコミュニケーションのための広義の記号・道具・手段・方法・規模は、遅々たるものだったろうけど、着実に進歩し続けていたはずである。進歩・進化が気に召さないとすれば、ある方向に向って変化し続けていたはず。その方向とは、たとえばコミュニケーション行動の複雑化・洗練化、あるいは言語体系の形成、もっというと目的を達成しやすいような道具の改善。

右に書いたコミュニケーションの記号・道具・手段・方法等は、換言すればメディアである。つまり、メディアの方向性をもった変化（進化）が続いていた。これまた推定にすぎないわけだけれど、この進化は、集団の凝集性を高めたり、時には集団間の争いに利用されたり、集団の生活の広い意味の変化（水準の上昇）に寄与していたはずである。コミュニケーションは社会的であった。そのコミュニケーションの場、あるメディアが装備・装置された場、つまりは「メディア空間」は、社会的であった、ということでもある。

「メディア空間」を出したので、ここで簡単にわかりやすく定義しておこう。コミュニケーションは、常にある特定の場で成立している。後にもふれるが、わかりやすい例でいうと「井戸端」。おそらく、人類になった時に、すでに「メディア空間」としての「井戸端」は存在していたと思う。そこは、相対的に閉じた空間である。その証拠に、第三者もしくは他者が侵入すれば雰囲気が急変し、「井戸端」ではなくなる。[1] とにかく、そこに井戸があり、いつものメンバーが集まり、メンバーにのみ通じることば（＝メディア）がある。つまり、そこは閉じてはいるけれど、社会的な空間であり、そしてしかもセットされているメディアは限定されている。このような限定されたメディアと可視的な場のセットを「メディア空間」と相対的に定義する。その空間にいる人々の間になんらかの社会関係があり、メディアがなんらかの社会という集合態に依存し、かつ集合態全体に一定の影響を与えている場合に「社会的メディア空間」といおう。第Ⅰ部の第三章で「政治の世界」に言及するけれど、選挙の時のテレビ開票速報番組の総視聴率が九〇％を超えたといった状態の時、列島全体がひとつの「社会的メディア空間」になる。あるいは、新聞のひとつの記事が、なんらかの政治的「力」を発揮している時、その新聞（記事）をメディアとした「社会的メディア空間」が想定される。閲読率からいって、選挙の時の空間に比べれば、一ケタ大きさは違うと思うけど、「力」が発揮されているわけだから、多くの読者が空間に参加していることは明らかである。したがってこれも社会的メディア空間である。以下で多少くわしく描出する大昔の、生活の糧を得るためのメディア空間も社会的で、両者の間には、ある種の連続性があるといわねばならない。

なお、本章の前半は、竹内成明『コミュニケーション物語』に負うところ大である。剽窃といわれても仕方のないところすらある。ぼくは、この本は、大変な名著で、マスコミ研究者の間で話題にならないのが不思議だし、再版されないのもゲせない。この本に最初に出会った時、「やられた！」と思った。書きたいと思っていたことを読むハメになったからである。依頼された書評で羨望ばかり語ってしまった記憶がある。だからというのも変な話だけれど、竹内さんは、パクリを許してくれる、と信じている(2)。

以下、典型的と思われる「メディア空間」をいくつかとり出し、その生態を描くことにする。その超歴史的な原型とでもいうべきものなので、定義を再確認する、という意味あいもある。「社会的」という点にはあまりこだわっていない。しかし、ある意味でいずれも社会性を保持している。程度の差はあるけれど。

第1章　生活世界の「社会的メディア空間」

1　「メディア空間」の原型

すでに書いたことだが、人間が人間を始めた時、換言すれば文化をもった時、もう一度いいかえれば分節的言語をもった時から「メディア空間」は本格的に始まったと思われる。もちろん、文明・文化の進歩・変化の長い道程の中で、メディア空間の構造・性質も、さらにはメディア自体の形状も変わったし、新しいメディアが加わって空間の態様も変わった。それぞれの時代のメディア空間の特質に対応して、実はいくつか名称は用意してある。必要があると思うから。これら概念もしくはカテゴリーは、「メディア空間」の下位概念ということになろう。いずれ、本書のしかるべきところで登場することになるはずだ。

ところで最もプリミティブなメディア空間として「なに」があるか。「大昔、最初に登場したメディア空間は？」でもいいし、「現在ぼくらが体験している最も単純・簡素な空間は？」でもいい。おそらく、数百万年が間にあるにもかかわらず、想定されるふたつは大変よく似ているのではあるまいか。しばらくは「社会的メディア空間」というより、ヨリ一般的なメディア空間の話である。定義の延長上の話として読んでいただければいい。

　ぼくがイメージするその空間を描いてみることにする。まず、現在のほうから。最初に頭に浮かぶのは、母親と幼児が小公園で遊びながら、十分に言語になりきっていないことばの断片やさまざまな声音や表情や態度で、気持や態度で、気持や気分や愛情や甘えや同意や共感をかわしている微笑ましいあの風景。つまりはコミュニケーションの場面だ。母親は、そこにある砂や泥や遊具、持参してきた玩具、あたりの樹木・草花、公園の周辺で遊ぶ小動物・小鳥のことどもを語り、幼児は母親の語りかけに応じそしてたくさんの質問を繰り返す。すでにしてここに、コミュニケーションを促し媒介するさまざまなメディア（表情から声そして小鳥まで）が存在している。母親は、たとえば小鳥の名をいい、鳴声を模擬しながら、わが児になにかを語りかけそして伝えているはずである。その「なにか」はそう簡単に言語化し説明できるのではないかもしれない。しかし、「なにか」は一般に「意味」というカテゴリーに含まれるものであることはたしかで、そして、指さしている、あるいは指示している鳥（の名と擬声）は明らかにメディアである。ここにはふたつの主体、意図され伝達され、そして読まれ受容された（はずの）意味、意味を媒介しかつ伝達を構成しているメディアがある。だからコミュニケーション行動もしくは世界を形成する条件は十分に整っている。この状況を「メディア空間」と呼ぼう、というわけだ。いうまでもないが、この状況の「主役」の一方の主体＝人間であるが、メディアもまた別の意味で「主役」である。けだしこれら数多くのメディアのつくる世界にいることで、人はなにものにもかえがたい快感や寛ぎや安心や安定ややすらぎを手に入れている以上、メディアも主役といわざるをえない。このひとときは、おそらくは、人間のつくる生活世界の中で、最も素朴で、最も平穏で、最も自足的で、そしておそらくその親子にとって永久に忘れることのない時間である。幼児はこの暖いまどろみの中で人間としての出発を始め、母親は唯一いとおしむべき存在を発見する。この出発と発見の場で、彼らをつつみ彼らとともにあるメディアが重要な位置を占め、しかも決定的な役割を演じている。メディア空間といわざるをえない所以である。(3)

もうひとつ現在のそれをあげよう。ごく普通の企業の仕事の現場で、連携しながら作業を進めているAとBふたりを想定する。こういう想定は、人が集団を成して仕事をするのがごく当り前である以上、決して恣意的ではないはずだ。ふたりのその仕事が相当に重要度が高く、かつ刻限を決められていたとすると、彼らは必要最小限のコミュニケーションをしながら、作業をすすめざるをえない。コミュニケーションに使われるのは、作業内容と両者の意思に正確に対応したなんらかの記号・符牒等々である。これら記号・信号・符牒は、定義上、そののりもの（音声・可視物・視線・態度・物腰・動作等々）を含めてメディアである。つまり、ふたりは、作業の世界とほとんど一対一対応する「メディアの世界」を、「メディア空間」を共有している。逆にいえばメディア空間なしに作業の世界は成り立たない。ふたりが人間である時（作業ロボットでないという意味）、メディア空間は作業の世界に従属しているのではなく、メディア空間での両者の行為が個々の作業を促し誘導し実現させる、そういう論理的関係になっている。いうならばメディア空間とはすぐれて人間的なものなのだ[4]。コンピュータ等の高度なメディアや、極限にまで開発された伝送《コミュニケーション》システムを最大限駆使している現代の企業社会の中にも、このAとBがつくる最小の作業の世界が必ずあり、そこには、さらに必ずこれまた最小のメディア空間があり、このふたつが合体して、巨大企業社会の構造の基底的・基礎的要因となっている。

この母と幼児、このAとBとがつくるふたつのメディア空間に共通しているのは、第一にその構造の単純・簡素にある。しかし、第二にすでにそこには少なくとも三つ以上のメディアが登場している。単純さ故にすぐれてコミュニカティブな音声（言語化していない）、ことば（言語）、表情・態度・動作の三つで、当然のことながらこれ以外にもありうる。であるとするとメディア空間として単純といえるかどうか。そして第三、このメディア空間の登場人物たちは、「近・現代」という歴史状況の規定を、少なくともこの状況の下ではほとんど受けていない。母と子は、社会的にみると、関係も役割も規範も未分化な、メディアに抱かれたまどろみの中にいる。AとBも、その協同（協同のためにメディア空間がある）の瞬間に、お互いの社会的な位置関係や個性（個々の特性的能力）や個人（主義）などを意識しない。作業の協同と結果に直結したメディア空間の作動、つまりはそれぞれのコミュニケーション行動（の効果）を意識するのみであろう。このメディア空間はやはり単純かつ素朴なのだ。それ故に人類史において普遍的である、といわねばならない。

現代のものとして描いたけれど、母と幼児のつくるこの最小のメディア空間は、数百万年さかのぼることができる。人間であることを始めた時から、この「母と子のメディア空間」はあった。同様に、食物を確保するための男たちの協同行動には、あのAとBとがもっていたメディア空間とまったく等しいものが含まれていたはずである。要するに、時の経過を安心と愉悦と親しみの中ですごすためのメディア空間と、生命を守り、食物を確保し、貯えを為し、外敵を排除するために必要な協同を実現するためのメディア空間と、いずれもが人類史とともに古い、ということになるのだ。したがって、これらと同質・同類のメディア空間は、どの時代にも、どんな文化圏にもあったはずである。つまり、この種のメディア空間を描写し説明する際に、その歴史とか、歴史的背景を重要な要因とみることにほとんど意味はないといいたい。もちろん、メディア空間は、他面ではものとしての、広義の技術としてのメディアに依存しているから、その形態によって歴史に規定される。くわしくは後述する予定だが、たとえば新聞を主要なメディアとして含むメディア空間は、新聞メディアが一般に普及しなければ、社会的に意味のある空間たりえない。新聞の普及とその機能が社会化したのは、正確には二〇世紀に属していて、決して一八・九世紀の話ではない。このようにして、さまざまなメディア空間がある。一方の極に歴史的普遍的なそれがあり、他方に強く歴史に規定されたものがある。

　以下に書くようないいかたをすると、変に誤解されるおそれがあるのだが、あえて書いてみたい。話はすでに書いた母と幼児にかかわる。この二者を包み込むメディア空間のもうひとつとして、次のような光景をぼくはイメージする。母親が授乳を終えて幼児に添寝している。母親はつぶやくように子守歌らしきものを口ずさんでいる。幼児はなかばまどろみながら、時折薄く眼をあけ母親を見、そしてあらがいがたく、至福の一時である眠りにおちてゆく。子守歌は母親自身にも作用するのか、母親も半睡半醒の状態にいる、あるいはもう眠っている。母と子の一瞬の安らぎの時間である。この状態を、ぼくはメディア空間のひとつの典型とみる。なぜなら、授乳のあと、二人にとって意味のある実体《リアリティ》はほとんど存在しない。寝室か居間の片隅、母親は一刻日常の生活行動から離れ、わが児を感触し、みずからの子守歌を聞く、子どももまた母親を感知し子守歌や母親の語りかけを聞き、彼のその環境をみるともなくみている。両者にとってこれらすべてが、「主体とのかかわり」という文脈に属していて「メディア」というしかない[5]。メディア空間と、その典型というのはそのためである。映画や芝居をみる、ドラマをみる、小説を読む、詩を読む、音楽を聴く、絵画をみる、そして凄絶な自然の光景に衝撃をうける等々、その時の忘我の一瞬のそれぞれは、この母親と幼児の一瞬の延長線にある。まったく等しいとはいえないが、同一の範疇に属するメディア空間の数々である。その類似性に視点を置けば、この空間の歴史を超えた普遍性は明らかである。もちろん、テレビドラマに戯れる一瞬が二〇世紀にのみ属することは、いうまでもないが。

授乳しながら母と幼児がまどろむ、何回もいうように、これは大昔も今も変わらない。大昔のこれに類する純粋なメディア空間をいくつか想像してみよう。想像であり、類推である。類人猿から進化したばかりの人類というか、やっと人類らしくなった人類というか、この生物種は前にも書いたように集団を成していた。生命の維持と安全、幼い個体の保護、外敵の排除、食物の確保等々からして、集団の、つまりは最もプリミティブな「社会」の形成は不可避だった。直接的な証拠はないが、あえてあげれば、今、人類が存在を続けているのが唯一有力な証拠である。食物は採取と狩猟によって確保されていた。危険を伴い、常に成就するとは限らない狩猟には、相当に精緻な情報・記号のやりとりが前提にあった。やりとりの効率・実効性を高めるほどに、やりとりの場はより「メディア空間」的になっていったに違いない。この点に関してくわしくは、後続の節でふれることにする。狩猟可能な年齢に達した男たちが、狩猟にでかける。時には数日に及ぶことがあったかもしれない。その間、女たちと幼児たちは、なにを思い、どうすごしていたか。この想像は、そう難しいことではない。

　男たちが狩にでかけた、という素朴・単純な認識と思念、端的にいって残像を、もうこの段階に進化していた人類あるいはその大脳は可能であったと思われる。のみならず、その大脳は、この残像・認識からする「獲物（食物）をもって男たちがもどってくる」「獲物もなしに疲労困憊してもどってくる」「もどってきたとき、何人かが欠けている」「もうもどってこないかもしれない」等々の連想も可能にしたはずである。この連想内容は、まだ存在しない、未来という時空間にありうる事態についてのイメージ群である。摂食が、みずからの個体を維持する。つまりは生き続けるための、絶対的な条件であったこの「前文明」的段階にあって、男たちの帰還と獲物の有無は、彼らにも決定的な意味をもっていた。したがって、未だ存在しない事態に対するこのイメージ（まさにヴァーチャル・リアリティ！）は、重い意味をもって彼らの意識にまといついていたにちがいない。

彼女ら、養うべき子どもをもつ女たちは、これらイメージを意識の内部でたびたび反芻する。反芻は、当然のことながら、満足と安心と愉悦、不安と恐怖と悲痛、充足感と喪失感、希望と絶望等々の感性的イメージを触発する。事態に関するイメージと、触発される感性的イメージの個体内部での発生・積層・循環・増殖は、イメージの過飽和状態をつくり、イメージは外部にもれだす。というと奇矯に聞えるかもしれないが、要するに期待と不安いっぱいの女たち、成人期の直前にある個体たち、さらには幼い個体たちも、その「思い《イメージ》」を表現し伝えあわずにはいられなかった、ということだ。イメージを表現し伝えあい、期待と不安を共有し、さらにまた期待と不安が増殖する、そういう共同性とコミュニケーションの世界が、そこに成立していた。イメージは記号化し、イメージに対応した個別の記号がイメージをさらに喚起し強化するという循環が成立し繰り返される。この世界は、定義的に正確に「メディアの世界」であり、過不足なくメディア空間である。男たちの「狩」にかかわるメディア空間にもあったと思われるが、この女たちのメディア空間には、すでに「ない」ということがらに対応するイメージ＝記号が存在していたはずである。けだし「男たちは帰ってこないかもしれない」「獲物はないかもしれない」というイメージはすでに獲得されていたはずだし、それに対応する記号あるいは単語もあったはずだから。「記号＝ことば＝単語は、実在しているものと常に対応しているわけではない。人間の意識の中にのみあるイメージに関することばが存在する」という命題がすでにこの時点で成立していた。現実とは別のオーダーに属するイメージ＝メディアの世界、現実とは対立する可能性のある記号＝ことばの世界（獲物をもって帰る男たちについての願望の言説、この言説は現実によってしばしば裏切られた！）が、すでにしてそこにあった。未だ「ない」事態をイメージ＝記号によって現前化するといいなおせば、これはもう「ヴァーチャル・リアリティの世界」そのものであろう。

　男たちのいない間、女と子どもたちは、ただひたすらその帰還を待っていたわけではない。すでに集団を作り、素朴原始的な文明状態があり、固有の文化をもち、身を守り生活を維持するための衣と住があった。したがって、待つ間にも、女たち・子どもたちのやるべき「仕事」があった。狩に出る男たちがいたことは、性と年齢の分業があったこと、しかもこの分業が不可避であったことを物語っている（仕事における性差が解消するのは、長い人類史の中で高度に発達した文明社会においてのみなのだ）。この女と子どもたちの「仕事」の過程には狩をする男たちと同質のコミュニケーションがあったはずだ。そのコミュニケーションの中で、現在の数刻後にくる未来の事態について、「仕事」の現在と近接する未来について語り合わねばならなかった、男たち同様。そこには、未だ存在しないもの・ことがらについてのイメージと記号があった、この段階にまで進化したヒトであるのだから。つまり、住まいの内外を整備し、生活の中の小さな備品を確保し、彼らにも採取可能な副食品を用意し、集団構成メンバーの衣料をととのえるといった仕事。想像するに、彼女たちは隣人や子どもたちを相手に、ゆったりと、しかし着実に、仕事を続ける。この作業と相即し、かつ作業を誘導し、作業の進行を促し、あわせて共同性を確認する「メディアの世界」メディア空間がすでにして存在していた、ということである。ヒトは、仕事しながら、常に仕事の次の段階《ステップ》を考えてしまう種なのであるから。

ヒトが人間になった時から、メディア空間はあった。その外形やみてくれは大いに異なっているかもしれないが、公園で遊ぶ母と子のつくるメディア空間と、未開の段階、住まいの周囲で仕事をこなす女たちと子どもたちのメディア空間とに、その基本構造と本質的機能の違いはない。数百万年の「歴史」を通じて、このメディア空間は進歩はしたけれど、本質的な構造と機能は変わることなく保存されている。狩をする男たちのメディア空間と、現代の先端的企業内のコミュニケーションを支えるメディア空間との関係も同様である。しかしまた、符牒の段階にある記号のみからなるメディア空間と、現代のエレクトロニクス技術のすべてを凝集させたメディア空間とは、区別して考えねばならない、ということももちろん認める。が本章では、まだしばらく、メディア空間の基本型にこだわってみる。ここまでの記述からすでにご推察はあると思うが、基本型に関しては、大昔のそれと現代のそれとを同時に視野に入れ、両極に位置づけながら、構造機能的重ね合わせという論理的な操作をして、描写を続けるつもりである。

2　メディア空間の多層と重層

ちょっとずつ違った宇宙が複数同時存在している。われわれのこの宇宙とまったくかけ離れたところにもうひとつの宇宙があるのではなく、この宇宙の傍に、いやこの宇宙とほとんど重なるような状態でもうひとつ、いやいくつかある、ただわれわれに知覚できないだけ——という現代宇宙物理学のこの仮説には、ぼくの理解力などではとても追いかけきれないけれど、なにやら不可思議な魅力、ぼくをして魅きつけてやまない神秘がある。本当は「メディアの世界」もといいたいところなのだが、当然のことながらこの仮説をアナロジーとしてすぐ持ち込めるわけではない。しかし、相互に異なったメディア空間が、いくつか折り重なるようにして、ぼくらの生活空間をつくっている、もしくは生活空間はごく普通にふたつ以上のメディア空間を含んでいる、のは事実である。人は一瞬をとると、あるひとつのメディア空間にいる。が、次の瞬間には別のメディア空間に移っている。いくつかのメディア空間の間を時々刻々移動しているのだけれど、人はそれを意識しない。知りえないのではない。とりたてて意識しないのであり、また意識する必要もないのだ。前著で、“media on media”というパラダイムを使って描いたことは、実はこのことであった。テレビと新聞もしくは雑誌との間で視線を往復させながら、音楽を聴く、あるいは電話で話す——ぐらいなことだと、今時の若者はごく通常の生活行動としてやっている。この時、正確にいうと、テレビでつくるメディア空間、新聞（もしくは雑誌）でつくるメディア空間、音楽（もしくは電話）でつくるメディア空間に、彼（女）は同時に所属している、あるいはこの三つのメディア空間の重なり合ったポイントのところにいる。新聞や書籍に集中する、接する時は集中すべきであるというメディアの牽引力を重視する立場だと、media on media あるいはメディア空間への複数同時所属は認められないかもしれない。しかし、メディアへの専念接触という規範は、歴史的にみると、ごく限られた状況にのみ存在し、「約束の世界」でのみ効力をもっていた。かつての新聞・書籍のごとく、宗教的な儀式の一場面のごとく。日常的な生活空間では、単一のメディア空間への接触を強制する規範・約束・ルールなどはごく稀薄にしか存在しなかった。

つまり、ひっくりかえしていえば、かなりの昔から、メディア空間の複数同時存在、したがって複数同時所属は、ごく普通の状態だった、ということである。人間は、他者たちと愉しげになかば語らいながら、残る半分で時には自然の形姿と音に接し、小鳥のさえずりに耳を傾け、みずからの思い（自問自答）の世界にとらわれる等々といったことは、ごく当たり前だった。この当たり前の状態の延長線上に、すでに描いた今時の若者の複数同時所属がある。大昔のそれと今のそれと、そっくりのところを重視すべきなのか、あるいはその違いに着目すべきなのか。

複数同時所属に手間をかけすぎたようだ。もっとも手間をかけたのにはわけがある。「はじめに」でちょっとふれた「人とメディアの結合ユニット」というパラダイム、むしろメディア現象を形成する基本単位、これは、「一定の属性をもつ質点」（形容矛盾だ、けれどわかってもらえるはず）にたとえられるように思う。が、いうまでもなく、これはアナロジー、「質点」というイメージにはこだわりたいのだが、この質点、人間の外にある（社会的に存在する）メディアと結合している、あるいは社会の方に向かってある拡がりをもっている。そこに人間の営みがある以上は。のみならず、アナロジーにもう一度こだわっていうと、この質点は複数の力学系（世界）に属している。つまり、「人とメディアのユニット」は、一面では基本単位（質点というイメージ）であり、他面では統計的拡がりを成して実在している。メディア空間は、このイメージなのであり、人間のメディア行動・コミュニケーション行動の成立する場であるともいえるし、行動の集積体とも等しい。この空間が重層構造をもっていること、しかも、今に始まったことでなく、昔も今も、そうなのだ。

今の状態については、前著でも書いたし、この項でも簡単にふれた。そして昔について、前稿で間接的に言及したつもりだけど、たとえば、女と子どもたちの、男たちのいない間に成すべき仕事を遂行するためのメディア空間のすぐ傍には、喜びや楽しみを表現し伝え共有するためのメディア空間があった。仕事の状況にもよるだろうが、このふたつの空間はお互いに排他的ではない[6]。仕事のためのコミュニケーションの中に、喜びと遊びのことばが挿入されることはしばしばであったはずだし、それが厳しく禁じられていたわけでもない。場合によっては、仕事の過程とかかわらない遊びのことばが、必要のコミュニケーションをより機能的にする、ということだってあった。のみならず、喜びと遊びのためのメディア空間も、すでにこの最もプリミティブな段階でも複数あった。少なくとも、女たちのそれと子どもたちのそれと、さらには男児のそれと女児のそれと。

こうした複数のメディア空間の存在、その重層的な関係・構造、その構造の中で、基盤にあるというか、構造の基幹部分をなすというか、あるいはひとつだけ特別なというか、そういうメディア空間が果して存在するのだろうか。

3 「狩の場」のメディア空間――その社会性

この項で考えてみたいのは「狩の場」(7)に成立するメディア空間であり、そこにあるコミュニケーションである。もちろん、「狩の場」は現在の「仕事の場」に、「生活行動の場」に通じる。「狩の場」には、複数の個体がいて、その目的が極めて明確に定義され意識されていた。たしかに仕事に遊びの要素があったかもしれない。しかしここで遊びを強調することにどんな意味があるというのか。獲物のないことは、部族共同社会の、具体的にはその構成メンバーの死を意味していた。ほんの二百年前のこの社会に、そして今でも世界のどこかに、餓死者数万という事態が発生している（いた）ではないか。目的が定義された時、集団の構成メンバー間の分業体制は一義的に決定され、メンバーの役割は固定する。もちろん、ひとりの役割遂行遅滞者の存在は、目的達成を極めて明確に阻害する。「狩の場」の共同性もしくは協同性は、その程度にのっぴきならぬものであった。共同性と協同性をどう維持し持続させ、できればどう強化するか。「狩」を実行するための約束事、規範等々があったはずだ。「狩」の対象は、いうまでもなく動物である。その出現、その行動等の事前の予知・予測など、まったく不可能である。したがって、「狩」の結果を得るための人間たちの行動群とその連鎖は、状況の変化に応じて流動的たらざるをえないのであり、しかも獲物の確保はすべてに優先する至上命題だった。各人の行動は、状況に応じて調整されねばならない。しかも集団という場において。こうなった集団は、今日の機能的な社会に限りなく近い。前にも書いたように、集団のメンバーは、みずからの行動を微調整し、加えて協同性を有効に機能させるためには、信号を交換する、コミュニケートする、意思を疎通させる――ことが不可欠の前提だった。要するになんらかの記号を用いて話し合わねばならなかった。しかも、状況はいつも「急」だったはずだから、一義的に定義され意味内容の明確な記号とその瞬時の伝達が必要だった。つまりは伝達にすぐれた記号を選択的に駆使せざるをえなかった。有節言語がまだ未発達であった時期、ヒトは、単純な発声音とすでに相当に分節化されていたであろう身振りを使っていたはずだ。しかし、これら記号の機能的限界は、しばしば「狩」の失敗の原因になった。より機能性の高い、つまりは表現性と伝達性にすぐれた記号の開発は、文字通り「死活の問題」だった。分節言語の「発明」は不可避だったのだ。けだし、人類が創造した記号の中で、より表現性・伝達性にすぐれているのは、やはり分節言語だからである。ある限定された機能だけをとると、言語より有効な記号体系があることはある（現象の細部を肉眼以上に解像する映像記号等）。しかし、それらが、人間の記号行動の中で機能を果たしえていること、それは人間が広義の言語能力を持っているからなのだ。言語（認識）能力がある水準を超えているからこそ、現象の細部をとらえた映像が有意味になりうる。多くの記号論者が、言語に記号としての特権的位置を与えているのは、故なしとしない。(8) 死活の表現性・伝達性を求めたヒトは、ごく自然にそして着実に、分節言語を洗練させていった。言語によって意思を交換する方法が、「狩」の実行に最も効果的であったからにほかならない。

言語＝ことばは、まず第一に、眼前する事態を、事態を構成する個々の要因を、正確に指示する機能をもつ。個々の要因・要素との一対一対応が可能だからである。第二に、分節化が進むと、過去にあった事態、未来に起こるであろう事態を指示し、かつその時間的前後関係を表示することができるようになる。獲物は獲得するまでは、想像の中にしか存在せず、獲得という行為は未来に属し、獲得が実現するか否かも未確定である。こうした条件の下で「狩」を続ける、続けねばならない。だから「狩」の実現までに、ヒトは話さねばならないことがたくさんあった。そのための記号は、言語をおいてほかにない。第三に、ことば―表象は事態の構造と構成要因の因果的連鎖、あるいは事態の始点から終結まで（獲物をとらえる全過程）を表示しうる。第四に、第二に関連して言語＝ことばは、ヒトの心の中の状態を、精神の内面を、内的な思考のプロセスとその結果を表示することができる。あることがらが存在しないということは、外的には存在しないし、五感によって知覚できない。しかし、ヒトは「ない」という観念をもちうる。言語以外の記号で「ない」を表示しうるものはないし、仮にあってもそれは言語の「ない」が前提になっての話である。そしてヒトは「ない」という観念の存在を疑わない。かくして「ない」「無」ということばが存在し、ヒトの思考とコミュニケーションを高度の科学的知識体系の構築可能なところまで発達させた。もうひとつ例をあげれば、ヒトは「愛」という感情の存在を疑わない。しかし、感情「愛」は五感では知覚できない。ことば「愛」しかヒトは知らない。が、このキイワードがヒトの文化形成にいかに寄与したか。おそらく想像を超えている。第五に、さらにこれらと関連した話だが、今日、ぼくらは、夥しい数の助詞、助動詞、接続詞、形容（動）詞をもつ。これらはなにを表現しなにを伝えているか。いずれも客観的に存在し知覚可能な事態を指示していない。直接的な指示対象をもたない。しかし、これらなしに、言語＝ことばの表現性、伝達性を考えられない。つまり、「狩」を実行するためのコミュニケーション、その手段としての記号として、これら「品詞」は是非とも必要だった。

結論的なことを書いてしまったけれど、ここに五つほどあげた言語＝ことばの機能的特性があったからこそ、「狩」の役に立った。いや「狩」のためには、最低、この程度の記号体系を開発しておく必要があった。言語はヒトが存在を続け、種を維持するための道具・手段として「発明」され開発された、という「言語労働起源説」には、この程度の論理的根拠がある。間違っているといって簡単にしりぞけられない理由である。念のためいっておくと、だからといって「言語遊戯起源説」が間違いだといっているのではない。「労働起源説」同様、今のわれわれの日常的なコミュニケーション、つまり言語＝ことばの使いようから「遊戯起源説」を論理的に推論できるからである。

本筋にもどる。再三指摘してきたように、「狩」は、ヒトにとって死活の問題、獲物なしには帰るわけにいかない仕事であり、強く共同的・協同的な集団の場であった。しかも、メンバーはそれぞれ有機的に連結した別々の仕事を迅速に合目的的に遂行しなければならない。そして各自の行動を時・空的に完璧に結合させるためには、高度に効率的に構成された記号体系＝分節化された言語がどうしても必要だった。「狩の場」でコミュニケーション＝言語がどういう位置を占め、どういう機能を果していたかを類推すればわかるように、コミュニケーションの働きが「狩」の成否をほとんど一義的に決定していたといって過言でない。なにしろ、ターゲットの発見、発見の伝達、その種類・位置、各自への行動の指示が正確かつ迅速に伝達されねばならないのだから。これらはすべてコミュニケーション＝分節言語の過程そのものである。つまり、この論文でとっているメディアの定義からすると、「狩の場」はただちにメディア空間であり、かつその空間は「狩の場」に固有のものであって、しかも「狩」における共同性・協同性を制御する自律的かつ自立的な空間であった。

このようにして「狩の場」に機能的に緊縛されたメディア空間なるものを、ぼくらは論理的に想定し、そこで機能する記号を定義し、その構造を記述することができる、あくまでも論理的にだ。「狩の場」でヒトは、十分に体得し、したがって有効に駆使できるメディア空間をひたすら「狩」に奉仕させていたはずだけれど、彼らにメディア空間という自覚・意識があったとは考えにくい。意識する／しないは彼らにとって問題ではなかった。「メディア空間」の駆使が的確なら「狩」の成功率は高かったのだ。つまり、「狩」に固有のメディア空間は明らかに存在していたけれど、誰もこれを限定的に定義などしていなかったし必要もなかった。「狩の場」では、どこからどこまでが「狩」に直結したメディア空間で、どこから先がまた別のメディア空間であるか、などと考えることなどなかった、ということである。昔も今も、そんな自覚や意識なしに、おしゃべりしたり、信号（意味が一義的）を伝達したりする、これがヒト＝人間のごく普通のコミュニケーションなのである。

　ということは、「狩の場」にあったものは、たったひとつのメディア空間ではなかった。「狩」という、いうならばのっぴきならぬ「場」にいたとしても、地縁・血縁が濃厚で、日常の共同性の高い集団の中だとどういうコミュニケーションが自然か、は容易に想像できる。文明・文化そして社会がどの程度進歩・進化・発展しているか、つまりは未開か文明化が進んでいるかどうか、などあまり関係ない。何回もいうが、昔も今も、目的と形態が強く限定されている集団の中でも、ヒト＝人間は、要するに「くだらない話」をしたがる、実際しばしばしている。適当な例かどうか、洋の東西を問わず、オフィス・ラブは相当に普遍的のようである。仕事の場で、その仕事に合理的・形式的に要請されているコミュニケーション＝メディア空間しか実現されない、あるいは実行してはならないという規範が作用している、とすればオフィス・ラブなどありえない。多くの職場で「規範的」にはタブー視されているオフィス・ラブが現にあるということは、形式的に公認されかつ仕事にとって不可欠のメディア空間の、いうならばその裏側にもうひとつ、いやひとつ以上のメディア空間がよりそっている、ということになる。しかもこのふたつの空間は、しばしば同時に「機能」してしまう。もってまわった表現をしているけれど、端的にいうとこうなる。たとえば同世代に属するふたりの男女が、たまたまある期間、協同して仕事を続けねばならない、という状況は起こりうる。二人の間で、当然のことながらコミュニケーションが行われる。少なくとも仕事をより的確に実行するために、そのコミュニケーションに、両者の人格・心・心情にふれることが混入してしまう可能性は十分にある。なんらかの下心があってそのことばが使われることもあるだろうし、まったく意図的にではなく発せられたことばが心にとどいてしまったということもある。確率の問題であり、可能性の問題なのである。しかし、常識的に考えてこういうことばの出現率は相当に高い。そしてこのことばは、仕事と必然性で結合したメディア空間とは別のメディア空間に属している。すでに指摘した「愛」のパラダイムに属する記号たち、人間の心の内的状態を指示対象にもつ記号たち、客観的に実在する「もの」と対応しない記号たちからなるメディア空間である。当然のことなのだけれど、その記号の意味は多義的で曖昧、言語的詐術に使える記号である。「愛している」のか「愛していない」のかを、最終的に決定できない「世界」である。しかし、人間がこのメディア空間を愉しみ、そして現にオフィス・ラブという「真実」がころがり出てしまうのだ。

その昔、聖典のごとくもてはやされ今になって一顧だにされないという文献はいくつかあるけれど（社会学に限っても）、その一冊であるホマンズの「人間関係論」、「human relations なんて古い」ということになるだろうけれど、たとえばこの本で指摘された formal なコミュニケーションと informal なコミュニケーションの融合や相互補強というのは事実であって、古くも新しくもない。ぼくが今この項で書いていることは、このふたつのコミュニケーション状況を、ふたつのメディア空間といいかえ、さらにこの両者が「並行宇宙」のように不即不離の関係にあり、人間はこの空間の間を自由気儘に移動し、しかもほとんど自覚的でない、ということなのだ。もちろん、両者に対立的でないから、ぼくは「formal／informal」とは表現しない。空間存在の動機・条件は、まったく異質であり、論理的には異次元に属する。しかし、ホマンズも指摘したように、この両者は機能的には融合的であり、相互補強的であり、かつ社会的実在としての両者の間に明確な境界線は引けない。

　実際、人間的ふれあいというか、人格的な結合というか、そういうものの濃厚な集団の共同作業の成果とそうでない集団の成果との間には、明らかに差がある。ホマンズはこのことを、ごく近代的な産業部門で証明している。こういう事態・状況を、メディアもしくはメディア空間というアングルからみれば以上のようなことがいえる。つまり、人間は、ひとりでいても集団を成していても、同時にふたつ以上の、しかも相互に異質の、メディア空間にいて、しかもそれらの間をいうならば恣意的に移動し、そういう状態を愉しんでいると同時に、その時々の行動を目的に向かって実際には促進しかつ活性化させている、ということなのだ。そして、ぼくとしても、証明などできない相談だということはわかっているつもりだけれど、メディア空間への複数同時所属は、深く人間の生理的・心性的欲求に根ざしているのではないか、ということを主張したい。唐突な話に聞こえるかもしれないが、広い意味の「演劇」、こういうメディア空間の創造に異常に執着する心性、さらには創造された「演劇」に魅了されてやまない心性、これら心性のありようは、ぼくのみるところ、さまざまなメディア空間の同時錯綜に身をまかせたいという欲求なしに説明できない。月並で陳腐だけれど、人間とは実に変な「動物」なのである。

　重ねていう。「狩」という、いっさいのムダが排除されねばならない状況であってすら、そのムダに属するメディア空間を、人間は、一時的にもやめられない。もし人間が合目的的に作られた機械（この場合は狩の）のならば、「愛」にまつわるメディア空間などムダであり、「愛」は目的実現の妨げにしかならない。しかし、人間は残念ながら機械ではない。論理的には阻害要因であるメディア空間をたずさえざるをえないのみならず、それがないと目的にかなった「メディア空間」のほうも機能しなくなってしまう。人間とは、そういう厄介な「動物」でもある。

4　住居の中のメディア空間

ヒトケタ生まれだからか、疎開（第二次大戦中）の記憶は相変わらず鮮明である。今のぼくの認識・思考のパターンを相当に規定しているんじゃないかと思う。「有機農法」などということばに素直に賛意を表わせないのは、小学校高学年生として体験した、人糞と家畜の屎尿と推肥のみを肥料とする農法が必然的に伴う激しい肉体労働、機械を使わず人力にのみ依存する農法の過酷、収穫の不安定等々を直ちに連想してしまうからだ。農業は、苦悩と不安と恐怖の連続の中で営まれていた。「苦しい時の神だのみ」などごく普通の心情だった。こういう状況を妙に讃美する人の気が知れない。ぼくには、「生きるために、生きることを願うが故に、自然に翻弄されてしまう」としか思えなかった。(9)

その記憶のもうひとつに、「死の遍在」がある。戦時中のこととて、村には絶えず出征していった若者の戦死の報せが流れていた。加えて、二年足らずの疎開中（縁故疎開だった）、何人かの近親者の死に出会っている。老若男女を含む、であった。いくつかの病気では「死は不可避」だった。栄養状態の偏りと衛生状況の不備が主たる原因の結核は、いうならば「死病」であって、サナトリウムなどは小説の世界のことであり、農村部の病者のすべてが今でいうならば医療から見放され、自宅で生を終えていた。ぼくのごく身近に、死は日常の中にあった。それが自然だった。

戦時中だから、とはぼくはいえないと思っている。これは、戦争反対・戦争忌避の根拠などにならないと思う。早い話、たとえば江戸時代以降、今よりずっと高い出生率にもかかわらず、列島の人口が二八〇〇万をほとんど超えなかった事実は、平均寿命の低さとともに、日常生活の中に死が氾濫していたことを物語っている。三〇年単位で発生する疫病の流行、数年に一回、あるいは数年続く天候不良、不安と恐怖からくるストレス、苛烈な肉体労働、最悪の衛生状況――死が遍在して当り前だった。しかも、死は日常の真只中にあった。残されたものの喪失感・悲哀感は、「葬」や「喪」のファッションが社会的に流行する現在よりも、より深く重かった。結核で数年病床にあって逝った少女に対する近親者の悲痛など、正視に耐えなかった。

疎開先の宗派が浄土宗だったからか、仏間があり、広さは数十畳で、床は他の部屋より一段高く、一方の壁全体が仏壇であった。個人の住居に、これだけの「葬」と「喪」の大がかりな装置があるのは、仏教の特定の宗派だけだろう（浄土真宗はもっとスゴイ⁉）。いうまでもなく、これらの装置は、生きている人々の「死」に対する心情の表象である。盆、彼岸、命日、法事にかかわる行事が、今にして思えば盛大かつ誠実に行われていた。加えて、祖母の仏壇での早朝の念仏が省略されることなど、まったくなかった。総じてこの時期、人は今風に死を装飾過剰に語ることはなかったけれど、近親者の死にたいする意識は、深く重く真摯だった。つい半世紀前の話である。

近親者の死に対する意識は、人類がヒトであることを始めて以来あったと思われる。半世紀前がそうであったわけだから、さらにその昔、未開であったずっと昔、死はもっと身近で遍在していて日常的で、そして不断に起こる事実であった。だから「死」という抽象度の高い意識は早くからあった、と思われる。「葬」と「喪」の儀式があったこと、「死後の世界」が想定されていたらしいこと、に明らかであろう。こうした意識は当然のことながら、人の「生」の所以・由来その意義の周辺をめぐり、さらには死後行きつく先への意識と思考を拡張・深化させ、「生」と「死」についてのイメージを明確化する。しかし、これら「生」と「死」についての人間自前の知恵による完全な説明は不可能だから、超自然・超人間的なにか、もしくは「力」「能力」を仮定（仮想）せざるをえない。宗教の「始まり」である。「無」を観念しうる発達した中枢神経系と言語能力をもってすれば、「仮想」を出発点にして「論理整合的」な観念体系（教義体系）を構築することなど、さほど困難なことではなかった。ほぼ同時期に、地球上のいくつかの地点で、ほとんど独立に宗教として概括される、今からみても精妙巧緻な教義体系が構成されたのは、異とするに当らない。ヒトの知能の発達は、時を経て、そういう段階にきていたのである。この意識と思考は、決して五感で感知しうる実体に則したものではなかった。

すべての宗教がなんらかの形で措定している「死後の世界」。この世界の「実在」が語られ、時にはその世界との交信の経験が語られる。この種の話は、古来、枚挙にいとまなしといっていいくらいである。しかし、この世界はつまるところ、信／不信の問題であって、たとえば今ぼくが「死の世界」をみせてくれ、その実在を確認させてくれ、と要求してもこの要求はかなえられない。まずは、こちらの信仰を問われて終りであって、逆にその「非在」を証明してみろ、といわれても証明の方法はない。つまりは信仰の問題。ということは、これは広義の「意味の世界」なのだ。「意味」を意味として認めるか否かなのだ。

ひとつ例をあげよう。地方へ行くと今でも祝儀・不祝儀の儀式が、結婚式場や「セレモホール」ではなく、生活の場＝住居で行なわれている。「葬」があったとしよう。居間・寝室・客間が「式場」になる。仏壇と同居していることはまずないが、日本家屋だとこのどこかに神棚がある。神棚と仏式の「葬」は共在できないことになっているから、「葬」の期間、神棚を封じなければならない。どうするか。小さな短冊形の白紙を神棚の正面に吊せばいいのである。神棚は吊す前同様、完全に可視的であるが、一枚の短冊で「封じた」という約束（コード）が成立する。これで十分、ということは、一連の事態が、約束＝コード＝意味の世界のものであることを物語っている。そして、その約束は、一枚の小さな紙片で成立する（この紙片は、本稿の記述からも明らかなように、メディアである。くわしくは後述）。適当な例ではなかったかもしれないが、この紙片は、その空間が「仏の支配する空間」に変換したことを示している。あるいは、その小さな紙が「仏の空間」を形成したことを、すべての人々が認めている（信じている）。どうやらこの種の約束が宗教を成立させているらしい。

宗教は一面では、非日常的な空間（「境内」と呼んでいる）、巨大な建造物、ヒトを圧倒してやまない構築物等々で、その世界を荘厳《しょうごん》するけれど、反面ではほんの些細な事・物のうえに重大かつ深刻な意味を付加する。「仏の前で神を封ずる」とは、宗教的には一大事である。神もまた人の生死を弁証する。その神を小さな紙片という些少によって封ずる。些少と意義の重大性・重要性はいかにもアンバランスである。このアンバランスをアンバランスとしないのは、そこに約束されている意味があるからだ。宗教とはこういう意味あるいは約束の充満した世界である。そう定義すれば、同じ文脈の上に、些少も巨大建造物も同時におさまる。過大も過剰も過小も些少もすべて同じことなのだ。

宗教は、そのごく原初的な形態の時から、現在の近代社会の住人であるぼくらの日常生活感覚では容認しがたい些少と深刻、過小と過大、装飾と意味、形式と中身が同居していた。それは今日においてもである。十字架はキリスト者にとっては深刻な意味をもっているが、非キリスト者にとっては意味のごく稀薄な小物体にすぎない、というふうに。そして、宗教は、文化という領域の中で、異様に早くその意味（教義）の体系化が進み、それらの象徴物の構成が整備され、そこに生ずる約束が共同体の成員に共有された特殊な「知的領域」であったといえる。ぼくの疎開先の農家は、建物は明治期の建造であったらしいが、仏壇にあった位はいの古いものは江戸中期に属していた。おそらく、同規模の仏間・仏壇が江戸期からあったのだろう。そして家族の誰それが早朝に念仏をあげるという行為もあったにちがいない。この仏間・仏壇・念仏の約束・意味も、原初のそれとほとんど変わっていない。端的にそれらは、「生」と「死」にかかわる共同幻想の象徴体系である。

と書けば、これを「メディア」というパラダイムで理論的に再構成することは、大変に容易である。試みてみよう。仏間（社寺の境内を含めても論理的に問題はない）の床は、一段高い。住居の中にあって特別な空間なのである。いや特別の意味を与えられた空間、そしてその意味とは宗教的な（先祖代々の霊が「仏」としてそこにいる）約束に由来し、一歩仏間に踏み込んだものは、その約束・意味の支配を受容する、みずからの選択的意思によってのはずだ。この国では、キリスト教圏と異なって、宗教的・宗派的なるものの拒否が直ちに生理的・社会的生存の不可能を意味する、ということはなかったからかもしれない。いうまでもないが、ここでの意味とは仏間という空間がア・プリオリにというか、空間の物理的特性としてというか、そこに内在している約束・意味ではない。あくまでも宗教という共同幻想から派生したものである。仏間に入った個人は、さらには小さな仏事があって仏間に入った家族・縁者の集団のメンバーは、その共同幻想を受け容れ、固有の心的状態を共有することになる。この仏間は、趣味性の濃厚なインテリア・空間装飾をもつ現代のリビングルームに限りなく近い。現代のリビングがすぐれてメディア空間であることを、誰も否定しないだろう。してみれば仏間もまたメディア空間であった……。

　わが祖母は、早朝に起床し、まずいろりと竈に火を入れる。湯をわかし、食事の準備にとりかかる（こういう習慣、今でも残ってるのだろうか）。飯がたきあがると、これを仏前にそなえる、例の特別の容器に入れて。それから家族の他の面々が起床するまでの小一時間、お経と念仏が一体になったような「ことばの群」を唱え続ける。彼女は、死の床につくまでこの行事を欠かさなかった。これまた起きるやいなやテレビにスイッチを入れる、朝食時にテレビをみ、新聞を読むといった現代人のそれに、限りなく近い。たしかに、ほとんど一〇〇%習慣化してしまっているとはいえ、彼女の心情の中に宗教的意識（信心）とでもいうべきものがいくばくか、いや相応に含まれていた。これに反して現代人のそれは――ということはある。しかし、こうした現代人の早朝の習慣的行動の中に、宗教的な心情がまったく含まれていない、と断言できるだろうか。なんらかの事情でこうした習慣が実行されなかった時に多くの現代人が感ずるささやかな欠除感とでもいうべきものからして、ぼくは、そこに宗教的とはいえないにしても、そういうものにごく近い心情もしくは意味が含まれている、と思う。念仏とお経は、通念としては、宗教的な意味を担った記号の集合（体系）である。祖母がその意味を理解し信じていたかどうか、は極めて疑わしい。彼女の行為の意味は先祖代々の霊への習慣的「挨拶」以上のものではなかったろう。がともあれ、その行為は、定義上、記号行動であり、コミュニケーション行動であり、メディア行動であった。テレビをつける行為、新聞・テレビに接する行為がそうであるように。いうまでもないが、祖母の行為は仏間においてのみ実行される。法事の時の菩提寺の本堂でも、墓前でも、この行為はない。行為は、固有の空間＝メディアに強く緊縛されていた。

仏壇は、いうまでもなく、寺の本堂の「仏の座」の模擬であり、ミニチュアである。折々の生花を欠かすことはないにしても、仏壇を構成するアイテムのほとんどが、お寺の本堂にある仏具のレプリカであり、ごく人工的なアクセサリーである。宗教的象徴物の常で、すべてがキッチュ的で、多少ともグロテスクで、扇情的で、わざとらしくて、薄手で、それ自体で人をして畏怖せしめるようなものではない。宗教的に美学的に入念に彫琢された仏像のもつアウラなどまったくない。あれらの模造はそこに宗教的意味を読みとる（与える）人々の宗教的心性をアテにしているとしか思えない。あるいは、仏壇の前で、人々は宗教的約束から自由でない、必ず約束に忠実である、ことを予定している。つまり、仏具と人々の心性の間にあるのは、ことばの正しい意味で、宗教的フェティシズムである[10]。約束が意味を与えているわけだから仏壇を構成するアイテムのすべてが記号であり、象徴である。それら仏具が触発する人々の内面的な意味作用と外に現れる行動の形態からして、これら記号・象徴は同時に「メディア」でもある。

かくして、仏間という空間は、仏壇を含み、仏具を配置させ、人に宗教的行為を促すものとして、すぐれたメディア的な空間、つまりメディア空間である。大きな農家（都市的な住居空間に比べれば、農家はすべて大きい?）であれば、神棚が置かれた部屋が別にあり、寝室があり、居間があり、客室があり、いろりを含む食事・炊事の空間があり、各種作業のためのかなり大きな空間＝土間があり、養蚕地域なら蚕室があり、土蔵があり、農機具の収容空間があり、調味料や漬物の貯蔵小屋があり、家畜小屋がある。さまざまな非仏間的空間があり、いずれも多かれ少なかれ実用性と結びついていた。が同時に、安全を祈願してか、どの空間にも社寺のお札が必ずあった。仏間とは違ってはいても、いくばくかの宗教的意味やなんらか実用性からは離れた意味を帯びさせ、それによってある種の安心感を手に入れていた。たとえばの話だけれど、いろりは暖房や調理等の実用的な機能をもつだけではなく、家族・隣人の団欒・コミュニケーションの場であり、個々のメンバーの行動のネットワークの結節点でもあった。つまり、いろりは強く「メディア」であり、それ故に「生活ーメディア空間」の中では特異な位置にあり、あえていうといろりを収斂点とした「いろりばたメディア空間」が存在していた。

つまりは、今日の装飾物過剰の住居空間に対して、生活の必要を一義的にして構成されていた農家という住居空間も、相当に強くメディア空間であった。「狩」のメディア空間にあたるのは、日本の農家の場合だと、農作業の場合だと、農作業とこれに直接・間接かかわることがらのための「メディア空間」であり、呪術にかかわるメディア空間は仏間のそれとなり、遊びと愉しみのメディア空間は「いろり端」に含まれていた。そして、これら空間で、人々はそれぞれ固有のコミュニケーションをする。コミュニケーションする内容に関しては、一方の極に極めて実用的で、生活・生存に不可欠の情報・知識があり、他方の極に遊びと愉しみのためのそれらがあった（ある）。いうまでもなく、実際に話されていた（いる）のは、この両者の混合というか、中間的な性格のものである。コミュニケーションの形態《スタイル》も同様、両極にあるのはインストゥルメンタルとコンサマトリー、実際のスタイルもこの両者の中間である。これは、主として都市空間に棲息するぼくら自身のコミュニケーション行動からも十分に類推できることである。

人間がヒトになった時期、彼らの主たる居住空間は、各種遺跡からして、洞窟であったと推定されている。おそらく、その洞窟の入口の周辺に広がる空間が、いうならば生活空間であり、そこで女たちは食べ物を作り、子どもたちは、時に親とともに、遊び戯れていた。女たちは独りごとをもらし、子どもたちは喜びの声をあげていた。このふたつの行為も広義のコミュニケーション行動。いったい彼らは、誰に話しかけていたのだろうか。自分自身にか、外部世界にか、自分以外の他者にか、メディア空間にか、意味あるものと認めた「客体」にか。これらのどれかであったり、そのいくつかの組合せであったり、が実際だったと思われる。とにかく、常に人格的他者であったとはいえない。むしろ正確には、それはメディア空間内での、メディア空間内でのみ固有の「行為」であった。だからコミュニケーション行動とも、メディア行動ともいえる。洞窟内もさることながら、洞窟の外の「生活空間」が、すぐれてメディア空間であったということを、ここで強調しておきたい。もうひとつ、右の記述からも明らかなように、この社会的メディア空間から「ひとりごとの世界」、つまりは「私的メディア空間」がすでにして発生していたことも。

　いろり端にも、野良にも、仏間にもコミュニケーション行動があった。多くは、人格的他者とのコミュニケーションなのだが、あの祖母は念仏を口ずさみながら、誰に語りかけていたのだろうか。自分自身にか、彼女が主観的に思念している先祖（の霊）にか、あるいは観念化された祖霊にか。この彼女の行為からより抽象化された「仏」等々を措定し、「人格的他者」化し、なんらかの「理論」を構成することは大変に容易である。しかし、そういう「理論」を試みるよりも、その一連の行為を仏間というメディア空間に密接に固定化されたメディア行動（コミュニケーション行動）とみなすほうが有効である。いろり端は社会的だった。そこには家族以外の、村落の誰彼がすわる場所がきまっていて、そこにしばしば客人がいた。だからいろり端は「社会的メディア空間」であった。これに対し祖母の念仏の時そこにあったのは「私的メディア空間」であろう。これについてもまた、ぼくらのライフスタイルの中に、あえていうとポストモダンのライフスタイルの中に、対応するものを発見できるはずだ。さまざまなメディア行動に関して、「今に始まったことではない」と強調するつもりはないが、この種の「対照性」は否定できない。

遊戯空間や宗教的空間に構成要因として含まれるメディア空間での、人々のメディア行動の、なんと表現すればいいか、飛翔力、運動量、浮遊性、現実からの遊離の度合、思いきってヴァーチャル度とでもいうべきものを考えると、昨今レトリカルに使われている（いや実態を正確に反映しているのかもしれないが）「ヴァーチャル（サイバー）スペースをサーフィンする」といういいかたは、この節で描いてきたメディア空間の状態やメディア行動の実態に、ムリなく適用できるのではあるまいか。もちろん、これも「座標変換」したら重なってみえるという程度の「対照性」にすぎないが。実際、洞窟の生活空間、狩の場、いろり端、仏間等では、遊びの現実との、超自然性・呪術的なもの・仏と現実（もしくは自分自身）との「客観的な距離」の測定は、常に可能であり、かつ意識されていた。「三次元の空間」と人間の意思とは無関係に客観的に存在する「絶対時間」、（の流れ）の実在性が認識されていたし、超自然・超人間的存在とこれら「客観的実在性」との関係が過不足なく自覚されていた。迷信を信じながら、それが迷信であることを知っていた！　洞窟の住人も、江戸の農民も、戦中の老婆も、基本的には、三次元空間と絶対時間の上に成立するメディア空間の住人であり、かつ彼らはそこに安住していた。「サイバースペースでサーフィンする」今時の尖端的な人々もそうであろう。パソコンとカルトとの異様な結合が、これを傍証している……？がともあれ、ヒトはずっと昔から「メディア空間」の住人であり、その事情は今も変らない。変わったのは、メディア空間の構造であり、その内部装置（技術）であり、空間アクセサリーであり、空間内のコミュニケーションの態様である。だから変わったともいえるし、変わらないともいえる。「メディア空間」の構造、内部装置、アクセサリー、コミュニケーションの態様については第II部で詳述する。

註

（1）　たとえば藤沢周平の数多の時代小説で、井戸端は、主要とはいわないが、副次的には重要なシーンとして扱われている。何らかの事件・事態の発端や萌芽や核心を、そこに仕掛けている。したがって、井戸端の描写はリアルで生気を帯びる。裏店の女性たちが、「井戸端」を愉しんでいる、とそこへ岡っ引きが登場、女性たちの会話にこわばりや緊張が走り、口調も変わり、ことばも変わり、雰囲気も変わる。このあたりの藤沢の描写は見事というほかない。このことは、その「井戸端」が閉じていること、いつものメンバーのみによって共有されていること、を大変的確に示している。

（2）　因に、その時の書評の一端を再録してみる。多勢の眼にふれる公的なメディアでこれだけ書いたのだから、まあ、竹内さんも許してくれるんじゃないか、と図々しくも考えている（一九八〇年八月一一日号

「読書人」)。

　そうだ、このテがあったんだ——感嘆と羨望をもって、今、読み終えたところである。〈コミュニケーション〉というカテゴリーを使って、人間を、社会を、文化を、そして歴史を記述すること、これはぼくのテーマであったはずだ。いや、コミュニケーション論の課題でなければならない、と思ってきた。

　社会・文化現象としてのコミュニケーションを支配する普遍的な原理をとりだすこと、もちろん、これもテーマではあるだろう。しかし、まずはもって、現象を記述すること、これをやらなければならない——と年来考えてきた。竹内さんに先を越されたなあ、と今思っている。

(3)　ぼくは「メディア空間」と呼ぶしかないと思っているけれど、ほかに適切・的確な名称があるのだろうか。

　このあたりの叙述からも明らかなように、母と子のつくるこの状況・状態は、相当に普遍的で、しかもヒトの社会・文化の形成の根幹にあるもの、基本的前提になっている、といっていい。すべてはここから始まる。あるいはこうして始めざるをえない。とはいえ、炎天下の車の中への幼児の放置・幼児虐待・コインロッカーベイビーが出現する現代である。この空間はどの程度普遍的なのか。今のところ、母と子の九九%はこの空間の中にいるはずだから、基底的な空間とみなしていいだろうと思うけど……。

(4)　マルクスは、ハチは見事に幾何学的な構造をもった美しい巣をつくる。そのワザに人間は及ばない、しかし、ハチと人間を決定的に区別するのは、人間がモノを作る際に必ず「設計図」が事前に描かれている点にある、という。ハチは「設計図」なし、なのだ。作業の前の作業についてのコミュニケーションは、「設計図」もしくは「設計図を描く」ことに当たる、だから人間的。

(5)　授乳の時も、幼児を眠りにつかせる時も、そこにあるのはメディア空間ということである。これをも「コミュニケーション」というのは、ことばの濫用だ、という見方はありうると思う。が、ぼくはむしろ、すぐれてメディア空間と考える。これは誤解でなく、見解の相違と思いたい。

(6)　なにしろ、このふたつの空間が成立している物理的な場は一緒である。しかし、重要なのは、両者は、時間的にも空間的にも、そして機能的にも、境目などなく連続していて、相互に浸透し合い、補完し合い、補強し合い、時には機能の交換すらあること。

(7)「狩の場」は、象徴的な意味あいで使っている。要するに、大昔、やっとヒトになった生物種が、個体と種の維持に不可欠の「食」を確保する働きとその状況のすべてを含意させている。そこがどうメディア空間であったか、はいずれの状況においても本質的に違いはなかった。そして、本文にもあるように、現在の「仕事の場」一般とも共通している。

(8) 表情・態度・視線・身振り、音声、映像、イコン、符号等々、人間が使う記号は複数ある。これら記号は、実際のコミュニケーション行動では、まさに状況に応じて任意に組み合わされて、あるいは機能的に連結させて使われている。そして日常的なコミュニケーションでは、特定の記号を意識的・自覚的に使うことなどまずない。したがって、これらの複数の記号が、ひとつの「記号体系」を構成しているといえる。これに対して、人間の側の「記号能力」はどうなっているのか。身体的記号、音声的記号、映像的記号、言語記号等々のそれぞれに対応する「記号能力」が相対的に自立・独自に存在しているとされているけれど、一面ではそうだろう。と同時に、これら「能力」の間にどんな関係があるか。「能力」は構造もしくは構成を成しているのか。どれかの「能力」が他のどれかの前提になっているのか。「能力」間に、相補的とか、補完的とか、背反的とか、そういう関係があるのか——必ずしも解明されているわけではない。つまり、見方の対立が現にある。しかし、バルトがもらしているように、「言語能力」が前提になって「記号能力」が成立しうる、という見方は、ぼくらの日常経験からしても、妥当のように思う。

　たしかに、「活字世代」と「映像世代」という違いがあって、「映像記号」のリテラシーは後者において決定的に高いのは事実だ。しかし、後者が「映像」を操作しうるのは、「言語能力」が欠落している場合を想像してみれば事情はおのずから明らかで、彼らもまた言語能力を前提して初めて映像を制作しうるであろう。

(9) 一時、ある種の「文化人」が意識過剰の若者を集めて有機農法をやり、マスコミがもてはやす、というのが流行った。どういうふうに有機農法だったのか、そしてなによりもまず、今、どうなっているのか。ぼくの臆測するに、すぐやめてしまったのではないか。

「有機栽培」とか「自然食品」がブランドになっている。が、ここでも、どう「有機農法」なのか、どう「自然」なのか――の説明はない。ぼくにはギリギリのところ信用できない。「有機農法」も「自然」も、どうやら多分に記号の問題であり、「有機食品」「自然食品」は、先にも書いたようにブランドであり、いわゆるブランドと論理的に区別することは不可能である。ここでも「記号消費」が行なわれている……。

(10)　貶価的に「フェティシズム」といっているのではない。要するに、シニフィアンとシニフィエの間に、有縁的で因果的な論理関係がないこと、つまりそこにあるのは規約的関係。宗教の場合、シニフィアンとシニフィエの「距離」が異常に大きく、ほとんど隔絶しているといっていい。その意味で宗教とは、「究極のフェティシズムの世界」である。このことは、宗教をけなしたことにならない。フェティシズムは、人間の心に深く根ざしているものだから。宗教はその意味では、最も人間的な現象なのだ。現代のカルトすら、その例外でない……。

第2章 「経済の世界」とメディア空間

1　市場のメディア空間

前章では日常、平凡な生活空間の中にメディア空間がどう組み込まれているか、日常のメディア空間はどう有機的に結びついているか、を描いてみた。いささかふりかぶったいいかたをすると、「メディアの働き」という視角から日常性を再構成してみたら、というねらいもあった。と同時に、ヒトのコミュニケーション行動の根源とどうかかわっているかも。理論的な形で提示できるかどうかわからないのだが、「メディア」という基本パラダイムを使って、一九世紀以来の社会・経験科学がとらえようとした「現実」を、とらえることが可能なのでは、と考えていることはいる。

本章では、その考えを「市場」「経済」という、今度は社会的営みに適用しようというわけで、われながらいささか大胆な試みである。しかし、経済もまた、ある意味で人間の営みの集積態であるとするならば、「メディア」をキイワードにして、その現実的構造と機能を描きうるのではなかろうか。もちろん、全体像をそっくり描ききれるとは思っていない。顧りみて他をいうようで申し訳ないが、経済学だって全体像をつかんだことなどなかったのではなかろうか。

経済現象の中に組み込まれている「メディア」となると――実は意外と多いのである。考えようによっては、多さではその最たるものであろう。その他、金融・証券の世界にある夥しい記号と数字たち。が、ここではわかりやすいということ、ぼくの専門に近いという点、ある意味で「メディア」の典型、等々を考慮した結果、「広告」を中心に議論することにした。「経済をメディアによって描く」こと、本当はこれを本格的に試みるべきだと思うのだけれど。

ぼくのメディア空間の「進化」に関する仮説を、相当に興味本位（？）にモディファイしていうと、洞窟の前庭の遊戯空間→いろり端→ワイドショーのオーディエンスの行動の成立する場→インタネットのつくるヴァーチャルスペース、ということになる。ここまでの記述で、議論はヴァーチャルスペースを描写する直前にまで来ているといわざるをえないのだが、その議論の本筋にとりかかる前に近代《モダン》における典型的なメディア空間と考えている「経済的世界に属するメディア空間」を描いておきたい。

ある企業が新製品の開発に成功したという噂が、直ちにその企業の株価に反映し、つられて他の株価が上昇する――なんてことが、株式市場では、今や世界的規模で、年に何回か起っている。ぼくなどは経済や株式についてはまったくシロウトだから、この程度の噂で株が上下することを「経済的合理性」によって説明できるのかどうか、不思議で仕方がない。しかも、こんなことで大儲けしたり、大損したり、当該企業が経済的に深刻な事態になったり、ひいては市場がパニックに近い状態になり、経済の基本構造そのものが強烈な衝撃をうける――となると、原因と結果の間が論理的にどうつながっているのか、まったくわからない。そしてどうやら、一連の事態の中で「情報」が相当に重要な役割を演じている、いやことがらの「元凶」となっている――らしい。そうとしたら、「経済的合理性」ではなく、もっと別の「原理」をもってきて説明したほうがいいのでは、と思いたくもなる[1]。

いや、そもそも貨幣などというものを「経済的合理性」で説明できるのだろうか。「貨幣」のみならず「資本」とか、「信用」とか、「キャッシュレス」とか、「ヘッジファンド」とかの、場合によっては一国の経済に致命的なダメージを与えたり、人の生を奪うものをどう説明するのだろう？ぼくなど、「フェティシズム」といったパラダイムをもってきたほうが説明が早い、いやこっちのほうが納得できると思うのだが。とにかく右の貨幣以下の「ことば」は、「奇怪かつ深刻かつ濃厚かつ異様に密度の高い『意味』を負荷された記号」としかいいようがない。この「記号性」とでもいうべきものが成立しているとすれば、「情報が元凶」も、「貨幣・資本のフェティシズム」も、「記号消費」も、「ブランド志向」も説明できてしまうのではあるまいか。

さらにいうと、貨幣なり、資本なり、信用なり……が成立・実現している場《フィールド》、あるいはこれらの「運動」の場《フィールド》における人々の行動（感性と理性と意識と思考を含む）とその「成果」の生成のプロセスを説得的というか、了解可能のように説明しようとしたら、「経済合理性」に替えて、「メディア空間の人々の行動」とか、「メディアと自我のユニット――その運動形態」とかのパラダイムを定義した上で使ったほうがより有効なのではあるまいか。少なくとも、あのバブル期の、たとえば金融・証券のプロたちの行動様式は、たとえばぼくのような経済のシロウトの常識からは説明できない。「こんなことをしていれば、いずれとんでもないツケがまわってくるとしか思えない」と小さな声でつぶやいていた。とても大きな声でいえる状況ではなかったから。結果は怖れていたとおりで、金融・証券会社の倒産であり、不良債権であり、公的資金であり、リストラであり、戦後最高の失業率である。市場経済は過去に何回か、バブルを経験し、その崩壊の結果、人々の生活や経済の仕組みが深刻なダメージを受けている。こうした歴史的事実を金融・証券のプロが知らないわけがないと思う。しかし。後で聞くと、プロたちは市場経済の「論理」に従っただけらしい（まあ、半分以上は自己弁解なのだろうけど）。その結果が、あの最中ですら何人かの眼には正気の沙汰とは思えない事態が出現・進行し、それこそ国をあげての狂奔であった。もちろん、カネとタイコで煽ったのはプロたちだろうが、乗り遅れまいとする一般大衆もいた。バブルの恩恵に浴してヤニさがっているのもいた。そして、厖大なお金がただひたすら浪費されていた——不良債権が生じて何の不思議もなかったがそれが市場経済ってものなのだということだった。やはりそこにどういう「合理性」があったんだろう、と思わざるをえない。何年かたって再びバブルがやってきた時、おそらく人はまた同じことをやるんじゃないか、少なくとも市場経済が残っているかぎりは。

　バブルは突如始まったのではない。少なくとも、七〇年代から助走が開始されている。その時期にすでに、「合理性」では説明できない現象が出現していた。さらにバブル崩壊後も「バブルから何にも学んでない」行動が多々ある。たとえば、若い世代の消費意識（まさにバブル期に形成された）など、全然変っていない。「可処分所得」が減った分（いくらでもないが！）消費行動はいくらか変わったけど（海外旅行の目的地が変った。しかし海外旅行の（無）意味になんら変ったところはない）。つまり、バブル期の前後にも、バブル期の同様の行動・意識がある。したがって、この行動様式はバブル期にのみ属するのではなく、市場経済に固有のそれといって過言でない、とぼくは思う。

バブルの時の消費意識というか、消費文化の独特の発想形式として、「高額商品＝高級品」という定式があった。まあ、定義の流動性は社会科学の宿命のようなものだから、こういう定式が一時的にあっておかしくはないのだろう。しかし、この定式は、ぼくらシロウトの常識からはまず出てこない。「バブル期固有」と書いたが、「デパートの買い物」が半ば習慣化していることからして、異常な事態の定式ではないのかもしれない。おそらく、経済学では、「高額品＝高級品」という定式を、「合理的」に説明してくれるのだろう。しかし、この「高額品＝高級品」というイメージは、バブル前・中・後期に現れた各種狂奔と論理的にはつながっている。このつながりの全部を説明できるのかどうか。

経済にかかわる人間の欲望や恣意、付和雷同、模倣、便乗等々に基づく行為に定義を与え、論理整合的に市場経済を説明することはできる。また、市場経済は、その説明に対応する構造をもっている。しかし、その構造が、経済構造のすべてではない。経済領域での人間の行動には、「合理的」

な定義を超えた、これとは次元の異なる「非合理性」が含まれているのではないか。そう考えないと、国をあげての、いや国際的規模での、バブルや狂奔を説明できない。つまり、合理的に定義された「人間的なるもの」を含む、「合理的な市場経済の構造」なるものを想定できて、しかもそういう構造が実在はしているのだろう。同時に、その定義からはみ出した「非合理性」に基づく人間行動があって、これがしばしば経済的に有意に作用する、ということがある。この後者の人間行動が、「記号と意味の世界」を形成している、というわけなのだ。そして重要なのは前者の「構造」とこの「世界」が表裏一体を成している、いやどこからどこまでがなどといえない程度に融合していること。

「構造」そのもののほうも、「貨幣」なり、「資本」なり、「信用」なりが、主たるパラダイムになる世界である。みんな相応にフェティッシュである以上、これらもある意味でメディア空間を構成する記号と情報と意味がつくる世界である。後者の「世界」は、「高額品を高級品と意味づける」世界であって最初から記号と意味の世界であり、典型的にメディア空間である。人は、さまざまなメディアと随時ユニットを作り、みずからユニットとなって行動し、ユニットの特性・属性に従ってユニット間の社会的結合《ドッキング》が行われ、そこに社会現象が成立している、ということなのである。その現象は、一九世紀生まれのひとつの閉じた論理システム、たとえば社会科学の一ジャンルにはおさまらない、あるいはそれでは説明しきれない。つまり相対的に自律性をもった二つ以上の論理システムによってはじめて説明可能な「多次元社会（文化）空間」、あるいはメディア化度の質・

量や異なる二つ以上のメディア空間の融合体、がそこにあるというべきだろう。余計なことかもしれないが、ぼくが今ここでイメージしているのは、現代物理学の理論から純粋に論理的に流出してくる、パラダイムとしてのn次元空間、多元的宇宙論、並行宇宙論等々である。これらは純粋に論理の産物なのだろうけれど、ぼくらの社会・文化的現実の一端にふれているように思えてならないのだ。ごく平凡な生活空間ですら、ふたつ以上の「文化空間」の複合体なのだから。(2)

市場経済が構想された時、さらにはその実現過程にある時、あるいは市場経済にトラブルが発生した時、市場経済を「ノイマン型論理」によって制御できるとした、しようとした、あるいはそう願ったはずである。そこで、デカルト的理性に基づく行為が可能であるのみならず、その理性が結果の安全を保障してくれるからである。しかし、市場経済の理性による制禦、デカルト的理性の作用力は、つまるところは夢《ヴァーチャル》であった。すでにして市場経済は、デカルト的空間・絶対的時間という枠組みを超える「なにか」、理性による制禦の及ばぬ「なにか」を胚胎していた。かくして、その「なにか」は、市場経済が成熟した段階で、ブランド志向、記号消費、消費文化といった形となって現われることとなった。それは、いくつかある複合空間のうちのひとつの肥大であり突出であり顕在化であった。その肥大・突出・顕在に「フェティシズムの」という形容も可能なのだ。がいずれにしろ、その空間は、市場経済の形成期にすでに潜在的にではあれ存在していたのであった。(3)

経済学は、非常に早い時期に「科学」として成立することができたといわれる——社会科学の帝王。それは、経済学の対象とする経済的世界もしくは経済現象の性格によるところが大であって、経済学の固有の論理構造にあるわけではないはずだ。しかし、その経済的世界にしても、一次元的構造ではなく、複数の、ひとつの論理には統合できない。しばしば論理的には対立する、構造もしくは空間から成っている。その証拠に経済の原理論がふたつ以上あるではないか。のみならず、すべての原理論が説明を最初から放棄している経済現象が存在する（註（1）参照）。こうしたことのすべてが、市場経済の多次元的構造性、空間の複数性の存在を物語っている。しかも、この複数の空間のいずれもが、多分にメディア的であり、メディア空間的なのだ。だから、原理論が説明を放棄している経済現象を、もうひとつ別の「経済的メディア空間」を措定することによって、経済学の対象に繰り込むことが可能ではなかろうか。もちろん、既存の理論では不可能なのだろうが。

そこで、説明を放棄している経済現象の話を紹介しみよう。

イエス・キリストは史上最高のコピーライター、聖書はそのコピーの厖大な集合体——という説がある。相当に「神を冒瀆した考え」だと思うが、この説が批判されないのは、無視されているからか、当っているからか。仮にそうだとすると、広告は大昔からあった。さらには、江戸時代の商店の「のれん」はすぐれた広告であった——という有力な説もあり、広告と市場経済の成立は必ずしも一致しない。とはいえ、広告が本格的に経済的役割を果たすようになったのは、市場経済においてである。一個の物件、たとえば賃貸マンションの一室、突然やめた職員の代わり一名、こういうものに対する需要が社会的にどう存在するか、近代社会＝市場経済（コミュニティの崩壊）の場合、その所在を個人や個別企業は知りえない。そこに、いわゆる「三行広告」の存在理由が発生する。供給者はよりよい需要者を求め、需要者はよりよい供給を求める。おわかりのように、記号＝メディアを利用するしかない。広告が現われると欲求と願望、満足・充足が交錯し、その結果経済的利得が実現する。これら一連の行為の背後には、あるいは行為を潤滑するために常にお金が介在している。したがってこれらはすべて経済的行為である。三行広告においてすら、こういう事態が連鎖する。まして今日の大企業による各種メディアを駆使したマーケティング＝広告においておや。つまり、少なくとも経済学のシロウトであって、メディア論を専門とするぼくには、これらはすぐれて経済的行為あるいは経済現象にみえる。広告も経済の世界の内部にある、と思わざるをえない。つまりは、経済内的、経済外的要因によって経済の世界が動くことについて、たとえば政治的・行政的な要因によって経済が規定される点に関して、経済学はさまざまな説明を試みているし、さらには外的要因を取り込んでみずから「政治経済学」と規定することすらある。もちろん、経済に政治や行政が介入することを否定する思想もあって、「夜警国家説」などその代表的なひとつだろう。しかし、一九世紀後半以降、経済が自分の都合で、政治権力を利用した気配が多々あるし、同時に経済の挫折がもたらす危機を回避するために、政治・行政が経済に介入した場合もある。公的資金の投入などは、どっちなんだろう？　にもかかわらず、広告という現象を経済学に理論的に繰り込めないのは、どうしてなのだろう。

日本の場合年間広告費は、ＧＮＰの一％近い。相当な金額といっていい。「科学的な測定」は不可能であるにしても、広告という活動がなんらかの、時には予定したとおりの、場合によっては予定を上まわる経済的成果を実現するという事実がある。もちろん、予定を下まわることもある。広告活動の結果の予測可能性と、為替や株の相場の予測可能性と、両者の間にどんな違いがある?いずれにしろ、広告は経済的意味をもっている。もっているからこそ、広告があり、それをベースに、新聞や放送や雑誌その他のメディアが存在し、現実に社会的に機能している。

ところがである。たまたま世界的に著名な数理経済学者と同席する機会があり、いささかアルコールが入っていたのではあるが、「一定の規模の市場経済が成立しているとして、その経済を定常的に動かしてゆくために、どの程度の広告費が必然なのか。そもそも経済学という論理的システムの中に、広告機能はどう論理的に位置づけられているのか」と問いかけたことがある。彼の解答は「現代のどの経済学の理論体系の中にも広告を論理的に位置づけることはできない。したがって、必要広告費を論理的に算出することもできない」であった。この経済学の論理に厳密に従うと、広告は経済現象ではない、経済外的なものであって、社会的な広告費の支出や流れ、広告収入等は経済循環の中に入ってこない、入れられない、入れて計算できない、ということであろう。とすれば、広告とは、経済的になにものであるのか。つまりはなにものでもないということなのか。広告はそもそもどういう現象なのか。確実に存在する広告の経済的意味をどう説明するか。これらに対する解答がない以上、経済学は広告を説明しない/説明できないのは、どうやら事実のようだ。経済学を責めるつもりはないが(4)。

しかし、市場経済があり、大量生産・大量消費があり、消費文化があり、他方に史上空前の規模の広告活動があり、この両者が密接に結びついているという事実がある。この事実を描き、分析し、理論化する、そういう学問領域があっておかしくない。ただ、カルテジアン的というか、ノイマン的というか、そういうイメージ・理論体系では、理論化もしくは理論体系への繰り込みはどうやら不可能のようだ。「多次元空間」というイメージを、従来の体系的理論に付加せざるをえないのであるまいか、とシロウトのぼくは考える。そこで、広告に着目しながら、この事実に関して、ある説明を試みる。もちろん「メディア空間論」の領域の問題としてであって、広告を含む新しい経済学の理論体系を――なんて気は、毛頭ない。

2　広告メディア空間

聖書とキリストの言葉は、前項で指摘したように、人々になにごとかを信じさせるという意味で、典型的に広告であり、コピーであった。新大陸発見の時代、数多の掠奪品（だったろう）を満載した船の帰港という事実自体が広告であり、広告と同様の役割を果たしていた。江戸時代、下町に並ぶ商店、その店先の形姿、看板、のれん、品物の提示《ディスプレイ》のすべてが、品物の存在を伝え、しばしばその品物への欲求を喚起していたにちがいない。だからいずれも立派に広告だった。つまり、広告はかなり昔からあった、という有力な説がある。

が前にも書いたように、ここでは市場経済の中の広告に限定して話をすすめることにする。

あらかじめことわっておいたほうがいいと思うが、市場経済という社会形態、あるいはその部分メカニズム、その部分の働き、たとえば広告の働き等々の道徳的是非は問題にしない。市場経済を歴史的必然、あるいは所与とみなす。市場経済の発生と形成の過程には、必然・所与であることの証拠がいくらでもある。がしかし、同時にこれもまた人間の意思が主体的に選択した社会形態である、という考えを全面的に否定するいわれもない、とは思っている。ここでは、必然・所与から話を始めるということだ。人類（社会）の存続にとって、集団の形成、「もの」の生産（獲得）、分配、所有、消費は不可欠である。どんなにプリミティブな文明の段階にあっても、このいくつかの機能は必ずある。人間の歴史とは、つまるところ、この集団（分業）、生産、分配、消費の形態・スタイル・仕組・システムの「現われ」の交替にほかならない。もちろん、「現われ」と「交替」の中で、夥しい不幸・惨禍・残酷・恐怖・理不尽等もまた歴史に含まれるのだけれど。そして市場経済とは、ぼくらの現在にごく近いところで出現した「現われ」である。市場経済は、「近代」という規定を一方で受けながら、より歴史普遍的な人類社会存立のための基本的機能を、備えている。のみならず、考えようによっては、過去のいずれの「現われ」と比べても、よりよく果している。市場経済は、完璧な社会システムではありえないが、よりベターなシステムではあるらしい。

　人間的自然に属すると一応は考えられる広義の「富」への欲求、その蓄積への欲求と、プロテスタンティズムの職業倫理である「より多くの生産することは神の意志にかなう」という倫理命題とのきわどい結合が、市場経済の人間的動機として一方にある。とにかく、理論的には、市場経済は、その行動主体に対して無限の「富」をもたらす構造になっている。

ところで、その「富」をもたらす仕掛けはといえば、「商品」もしくは「商品生産」にある。「もの」は、生産体自身の需要のために作られるのではない。市場で交換されることをあてにして作られる。あてにされているのは、購買者であり消費者であり、その購買量である。しかし、生産の時点では、購買者も消費者も購買量も特定し秤量することはできない。つまり、実は確固としたあてなどなく生産している。商品生産とはいうけれど、市場で交換が成立して初めて、「商品」は商品になる。商品になるかどうかは、事後的に決定されるにすぎない。マルクスは「生産の無政府性」と批判した。この批判は当っている。しかし、この「無政府性」の市場による事後調整という一見して迂遠な働きが、ある意味で、生産・分配・消費と市場経済の構造の機能化にとって大変に有効であることが、皮肉な話としか思えないのだが、「東側文明の崩壊」によって実証されてしまった。しかし、「無政府性」は健在であって、特定の企業は「なにをどれだけ作ればいいか」まったくわからない。あるものを作ったら爆発的にヒットし急拠増産体制に入ったが、今度は作りすぎて企業経営に決定的ダメージを受けたなんて話がしばしばある。ある歴史社会で、ある期間に、ある「もの」（使用価値）に対してどの程度の需要があるのか、などということは、少なくとも国民経済といわれる規模の社会の場合、事前に測定することなどできないのだ。したがって「無政府性」は、人間の選択的意思が作ったものではなく、ある程度発達した文明社会の基本的属性であって、人間の意思でどうこうできるものではない、とするのが正しい。

「人がなにを欲しているか」（＝需要）などということも、複数の要因の結果であることはたしかなのだろうけれど、大変に流動的で、おそらく「科学的測定」に耐えうるものではないし、なんらかの外的強力や権威や信念によって規制できるものでもない。その意味で、消費もまた「無政府的」である。市場は、このふたつの「無政府性」を調整する。この調整を「市場原理」に依存していることはたしかだ。調整とは正確には機能（働き・作用）である。「需要・供給の関係」と呼ぶこともある。つまり、需給関係で交換の比率というか、価格が決まり、この価格が生産主体と消費主体の行動を規定するという作用である。すべての人間の行動における意思決定は、知識（情報）と経験と思考（前提に、信念や既成の照準枠やモデルが存在する）の働きの結果として行われる。したがって決定過程は、物理的な「もの」の過程ではなく、広義の知的操作の過程である。そこには必然的に記号が介在せざるをえない。記号による以外にこの過程は成立・進行しない。市場という「場」は、可視的な空間でもなく、場所を特定できる物理的な場でもない。記号操作が実行されている、社会的には実在するけれど、眼にはみえない。極めて抽象的な「場」である。しかも他方、市場の作用は、つまるところは、無数の人々の個人的意思の集積である。この空間・場は、ここまでに指摘したことからだけでも、すぐれてメディア空間である[5]。

　右に描いた市場という「場」の姿態からも明らかなように、デカルト的な近代的空間でもないし、二〇世紀になって自覚されるようになった「意識空間」でもない。なにしろ個人に外在していることは明らかなのに、不可視なのだから。市場経済成立時に、その場に非デカルト的なメディア空間がすでにして成立していたという事実は、大変に暗示的である。非デカルト的空間であれば、そこで非デカルト的論理が作用してなんの不思議もない……。「無政府性」の事後的調整という働き、あるいはその働きを促している論理には、近代理性というか、あるいは近代の論理というか、そういうものを超えた、いやそういうものとは関係ない「なにか」があるように思われる。たとえば、小さなとるにたらぬことがらが市場にインプットされ予想を超えて増幅され、当初のきっかけ・原因とはまったく不釣合な巨大な結果を生む、もとはといえば個人の小さな意思決定だったのに——といったこと。この過程を支配しているのは一体「なに」なのだろうか。

常識的な因果関係・論理関係を超えたことがらが、実際しばしば起こっている。生産量の過剰・過少、消費の過熱と低迷、社会的需要を上まわる、いや無視した過剰な交換、合理的説明のつかないブーム（まったく利用価値のない土地、その土地価格の高騰）、その結果としての極端な金あまり、余った金の理由のない投機、そしてバブル、その崩壊——程度の差はさまざまだがこうした状況は、何年かに一回、どこかで必ず起こっている。これら一連の過程は、市場の作動に過剰なポジティブフィードバックがかかるから起こるとされている——らしい[6]。ぼくは、市場に含まれる超近代的もしくは反近代的な要因の作用、あるいはボードリアールのいう「メディア空間」におけるシミュラークルの「いたずら」による[7]、とみたいのだけれど。

こうした常軌からはずれたパニック的状態のトラウマは、パニックの程度にもよるけれど、ほとんど確実に残る。いや、時にはある社会の根幹をゆるがし、社会の部分的解体をもたらす。ぼくらは、具体的な事例のいくつかを、今、自身の眼でみているはずだ。事態は市場の原理に由来する。したがって、人は市場の原理の作用を観察し、みずからの行動を規制し、パニックを回避しようとする。実際、市場がふたつの「無政府性」を効果的に調整した場合のほうがずっと多いはずだ。がしかし、パニックやバブルが発生するのも、特定の企業が倒産するのも、事実として存在するし、これからも存在するだろう。ともあれ、市場が過度に活性化した場合のダメージは深刻であるし、他方、「もの」は作ったがひとつも売れないとなれば、その企業は確実に倒産である。市場原理の作用の先取り（生産量の調整を早めにやってしまう）等が実行されたり、一定量の販売のためにあらかじめ手をうつことは、実は市場経済の形成期にすでに始まっていた。

　広告はそのひとつであった、というのがぼくの判断だ。商品生産は、特定できない購買者・消費者を対象としている。生産者が新しい製品を市場に投入した場合、市場の中枢にいる人々とのその品についてのコミュニケーションはあるかもしれない。しかし、市場の原理には、不特定の購買者・消費者へのコミュニケーションの作用は含まれていない。でも商品生産が機能するためには、生産主体の、購買・消費者への商品の所在についての告知を前提にせざるをえない。告知は市場原理の外側で実行せざるをえない。ともあれ告知が必要。ところで相手が不特定である以上、告知はマスコミであり、この告知行為は正確に広告である。市場経済は、広告の働きを不可欠のものとして含みながら、成立したとせざるをえない（広告が経済学の主要パラダイムとして、どうして認められないのか、しつこいようだがぼくにはまったく不可解。そう思わないか）。市場経済は、広告なしではやってけないのは明々白々ではないか。

もちろん、数量経済学の世界的権威が、広告は経済学のパラダイムたりえない、といった理由もわからないわけではない。広告は、不特定多数への告知であるのだが、その告知の結果、情報がどのぐらい伝わったかを科学的に測定することはできない。今日では、さまざまな調査・実験が試みられ、到達率を確率的に予測することはできる。しかし、個別・具体的なケースでの実際の到達量・到達率の確定は、原理的に不可欠である。さらに、情報を受容した人々（到達した人々）のうち、その製品に関心をもった人、欲しい人と思った人、そのうちで実際に購入した人、第三者に購入をすすめた人、こうした人々がどの程度の割合で発生するか――これも確率的に予測できるだけである。支出された広告量の総額と、各メディアへの広告の出稿量（露出量）と、製品の売り上げは、確定的な数字として出てくる。しかし、右に書いたような過程がある以上、この三つの数字の間の因果関係の確定は、やはり不可能である。実際、この三つの数字の間の関数関係は多様的というか、要するに不定である。因果関係は、いまだにみつかっていない。そんなものを経済学の理論体系に繰り込むことなど不可能なのだということは理解できる。

しかしまた同時に、以下のような事実も否定できないのである。つまり、もうひとつの事実進行は、不特定多数のひとりであるぼくらにしてみれば、教えてもらわないことには、製品の存在・所在・利用価値・特徴等々などを知りようがないというから始まる。すでに書いたことだけど、実際、製品について教えてもらったから欲しくなった、などということがしばしば起こっている。もちろん、広告をみてある製品を買ったという記憶もしくは自覚もまたほとんどないのである。このへんが広告の広告らしいところともいえる。広告など奇怪でいかがわしいものなのだという経済学者の気持もわかる……。とはいえ、三行広告のほとんどが所期の目的を達成しているし、大衆を対象に嗜好品を作っている企業は「新製品」の「開発」とその広告をやめるわけにいかないし、生産財を作っている企業のいわゆる「企業広告」「イメージアップ広告」の有効性も確認されつつある。経済的にはともかく、広告の社会的存在とその役割を否定しさることは、もはやできない。で以下、現にある広告の機能・役割を整理しておこう[8]。

第一に、広告は「もの」の存在を告知する。市場経済は、成員がお互いを知悉している共同社会を大きく超えた巨大社会において成立しているから、生産者は購買者を知らないし、生活者・購買者は必要な「もの」の所在を知らない。「新世界渡来の香料《スパイス》がある」というコピーは、市場経済の形成期、多量の情報・知識を含んでいたことはたしかだが、すでにこの当時、西欧社会が必要とみなしていた香料は各種あった。したがって「香料」には、それはどのような種類のもので、質はどうで、そもそもどこの産地のものか、等々の形容語が必要であった。香料の所有者にとっては、より高く売れ、売り尽されねばならないから、この形容語あるいはコピー全体にその意思が表されていたはずである。その形容語群から誇大広告のコピーまではそんなに離れていない。他方、香料を必要とするものにとっても、種類・質・産地等々は「情報」であった[9]。要するにこの時情報は、市場の両当事者にとって必要情報であった。その必要情報がほとんど論理必然的に誇大情報を含まざるをえない性質のものであったこと。このことは広告の本質を見事に語っている。

第二。市場経済は、あるいは資本主義的生産様式が実現されつつある社会は、端的にいって近代社会は、前近代に属する社会に比べて、より流動的・より発展的で、レンジを十分大きくとってみれば、常に右肩上がりの拡大を続ける社会である。これを「市場」という限局された場でみれば、不断に新しい製品が投入されている、ということである。この製品と投入についての情報は、もちろん「所在の告知」という第一の役割を果たすと同時に、新しい「もの」とその有用性について知識を提供し、その結果その新しい「もの」に対する欲求を発生させる。そしていつしか人は、その欲求を生得的なものと思うようになる。テレビのない時代、人はそれナシで立派に生きていた。が今や、テレビナシの日常生活はありえない。「テレビは広告によって導入が始まり、普及し、広告によって生活の一部になった」という命題は十分に成り立っている。テレビへの欲求の形成に広告があずかっていることはたしかなのだ。「新しい欲望の創出」、最初はこれは広告行為の後に起こったはずである。新しい「もの」について知らせたら、直ちに人々が欲しいと思うようになった、ということである。「告知が新たに欲望を創出することがある」という経験が蓄積されてくれば、「欲望の創出について、告知はその原因・契機たりうる」という命題を成立させる。ついでごく自然に起こるであろうことは「欲求を作り出すために告知を手段として利用する」であり、さらには「どういう告知の仕方が最も有効か」ということになる。人々が相変わらず広告にうさんくささを感じるのは、欲望を作りかねないからであり、そういう形で人の心を支配しているかのようにみえるからである。現代社会の広告で、欲望の創出を意識していない広告などないはずだから、その限りで広告は人々の心に作用し続けている。記号・ことばが心を変えるということは起こりうることである。「教育」という働きが大昔からあるのが、その有力な証拠である。その命題を逆転させ、「心を変えるために、記号・ことばを利用する」となった時、現代人ですら、ある種の違和感をもつ。前にも書いたように、広告はその始源において、こうなる要因を含んでいたのである。

第三。市場経済という場には、複数の製品所有者がいて、無数の潜在的な購買者が存在する。つまり、そこは競争の場であり、実は競争の場であることが市場の唯一のアイデンティティである。複数の所有者による複数の広告、したがって広告行為・広告表現の差異が存在し、その結果製品Aと製品Bに所属するさまざまな属性の違い、つまりは性能、耐久性、使い勝手、使い心地から始まって、色、デザイン、視覚的印象を表現している記号・ことばの違い等々の比較が、それこそごく自然に行われている。そして当然のことながら、これらいっさいの表現の違いが、広告効果の違い、売上げへの寄与の違いの原因のひとつになる。もちろん、一対一の厳格な因果性ではなく、表現Aは表現Bと比較すると売上げにより寄与している——といった確率的因果性である。ある「表現」が一義的にある一定量の売上げを実現する、ということではないのだ。かくして、広告は、結果として競争の役に立った。前項で指摘したことと同様、役に立つとわかれば、人はこれを意識的に利用する。市場経済という場では、競争に勝つことが至上命題であるのだから、競争への広告の利用は論理的に正当であり、倫理的に善である。

第四。マスメディアの時代は、大量生産・大量消費の時代は、おそらく市場経済の歴史の後半、あるいは成熟期に属している。この時代、というのはぼくらの時代ということだが、社会内で機能するメディアの数が急激に増加し、したがってこのメディアの多様化・多元化と結合して、広告の量も急激に増加した。ぼくらの生活のあらゆる局面に、広告もしくは広告と同等の働きをする「記号体系」が存在する。それはもう生活環境の一部分といっていい。大量に、遍在し、反復されている。一般に、ことの是非はともかく、大衆に対して露出されているメディアに遍在し反復されることがらのうちいくつかが、流行になり、流行語になり、流行の歌になり、みんなが無意識のうちに常用するようになる。たとえば、やくたいもないことば、時代を反映しているわけでもないことば、ほとんど意味のないことばが、テレビの番組の中で何回か使われたというただそれだけの理由で流行語になった事例など、テレビ四〇年の歴史に無数にある。いうまでもないが、当事者に流行語をつくる意思などなかった。しかし、社会的メディアに現われたということ自体が、ことがらやことばの社会的流通力になる。人々をしてことがらになれさせ、ことばを使わせてしまう。だから、各メディアに反復露出する特定の広告の製品名・ブランド名・出演タレント・いくつかのコピー・サウンド・音楽等々は、それぞれ社会内に流通可能なポテンシャルを与えられる。その結果、人がなにかを必要としたり欲求したりする時、そのポテンシャルが顕在化し、彼はその製品を、主観的・心理的には、ごく自然に購入することになる。この時の心理的ポテンシャルの顕在化とその作用は、パターン化された習慣とか風俗とかの働き、あるいは固定観念とか心理的惰性態の作用に酷似している。これら習慣・風俗、観念・惰性態と個人的主体との関係は、一般的な規範と主体との関係に等しい。つまり、反復された広告が個人の中に堆積させたものは、広義の規範に等しい、いや規範そのものといって過言でない。ほとんど無意識、自覚もなく人格内在化してしまうならい・約束、これが規範の規範たる所以であるのだが、広告は、人々の人格の内部にそういうものを着実に定着し続けている。その大半は、毒にも薬にもならない、人畜無害である。しかし、約束に従っておくと、日常の社会生活の中では、徒らな抵抗感は減少するし、行為・行動のエコノミーを保証してくれる程度の効用はある。そういうものが規範なのだ。広告は、現代において、生活を潤滑させる規範を日々作り続けているといってもいいし、広告自体がすでにして規範であるといってもいい。

　第五。キリストが歴史上最強のコピーライターであったという「説」は、「彼が奇蹟を巧みに描写し、人々にその奇蹟を信じさせた」、そのことばの「魔術性」を根拠としているように思う。多くの宗教家が、この世にはありえない「楽園」を描いてみせる。その「楽園性」を強調するために、「反楽園」の描写もまた巧妙を極めている。要するにありえない「楽園」[10]を描くこと、それを人に納得させてしまうこと、実はこれは可能なのであった。大量生産・大量消費、マスマーケッティング、大規模マスメディア広告が本格化したのは、やはり六〇年代で、以来、その広告活動が着実に高度化している。近代化が進み、社会が実質的に規模を大きくし、人々の行動のスタイルが物理的にも心理的にも極度に流動化してしまう以上、マーケッティング・広告活動の高度化・精緻化・巧妙化は必然であった。五〇年代までは、日常的な嗜好品・耐久消費財が主たる広告商品であったが、六〇年代になると、車から住宅、さらには金融・サービス、余暇にかかわる「もの」とサービス、消費財ではない「財」、企業自体の広告が登場する（中にはPRというほうが適切なものもある）。いずれも、結果として市場に参入し、そこで一定の成果（競争に勝つ）を確保することを目的としている。六〇年代になると、高度経済成長のおかげもあって、生活水準は絶対的にも相対的にも上昇し、日常生活の中で「欠けているもの」がほとんど消滅した。つまり、「必要だから買う」ケースは著しく減少し、「欲しいから買う」が、さらには「欲しいものを教えてよ、買うから」が、増加する。つまり、前にも書いたことだけれど、「欲望の創出」が課題になった。いうまでもないが、ここでいう「欲望」は生得的ではなく、後天的には形成されるのだが、あたかも生得的であるかのように作用してくれなければならない。そういう「欲望」をいかにして「創出」し、「定着」させるか、六〇年代以降、おそらくは現在まで、そしてさらには将来にわたって、広告が課せられた課題である。これが第五の機能である。

いくつかの例外を除いて、もはや広告は製品の所在を告知するだけではダメなのである。その製品を購入し所有し消費することに、いうならば社会・文化的な価値（意味）があり、その価値は大衆社会にあっては不特定の他者から評価されるということなのだ。これはもうある種の「奇蹟」が実現し、それが人々によって容認されていることに等しい。つまり、広告は以下のように事態を進行させる。まず最初に、ある文化的文脈が措定され、その文脈の中で製品・サービスの所有・享受に価値が付与され、そのことがメッセージとして提示され、メッセージが受容され、その結果措定された文脈になにものかが付加され、新しい文化的文脈が創造され、そこから新しい「欲望の創出」が可能になる。結果としてであるが、六〇年代から広告はこういう社会・文化的過程を形成することになった。たとえばいわゆる「イメージ広告」は消費文化という新しい社会的・文化的文脈の形成に寄与し、それが新しい消費行動を生んだ。

これは、文化の仕組みの部分的変換でもあるし、文化的価値の部分的創造もしくは組み換えでもあるし、新しいライフスタイルのモデル的提示でもあり、新しい価値観の主張でもあった。非常にわかりやすく単純化していえば、アメリカの中産階級のライフスタイルを理想的なそれとして提示することであり、「理想的」だから価値的に強調することであり、新しい生活文化の部分的導入である。そして当然のことながらライフスタイルが変われば、生活上の新しい必要が、さらには新しい欲望が、発生するということなのだ。

新しいライフスタイルに関しては、こういう問題もある。各企業がさまざまな新製品を、生活的に価値付与的に提示する広告、生産財をつくる企業がイメージアップのために文明の未来を肯定的に提示する広告（六〇年代後半には、環境問題の始点となった「公害」が登場する）等が、厖大に集積され、ひとつの文化的表現体を形成しつつあった。端的にいって、広告は、社会や時代や歴史を表象する文化的表現ジャンルになっていた（「広告は時代を象徴する」「広告は時代の証言である」等々）。しかも、広告は芸術とは違って、表現体はほぼ直接に生活財・生活様式に言及している。かくして、文化的表現体としての広告は、新しいライフスタイルの創造を強く誘導する。ひとつの広告ですらそうである。住宅や車の広告は、そのほとんどが当該の製品を含み込んだ「生活」を、直接・間接に描いている。いうまでもないが描かざるをえないのだ。その描かれた生活とは、あえていえば、理想のもしくはヴァーチャルなライフスタイルであり、生活文化である。したがって製品よりむしろ、その「背景」をなす、生活・文化・ライフスタイルのほうに注目する人々《オーディエンス》がいておかしくない。彼らは、当該産品以外のものへの、そのライフスタイルの構成要因であるもろもろの製品への欲望を喚起される。市場経済を潤滑する広告としては、あるいは文化的表現体としての広告としては、「してやったり」という事態である。以上、ライフスタイルの価値的提示（ほとんど結果としてなのだが）、これが広告の第六番目の機能である。

最後にもうひとつ。七番目の機能ということではなく、市場経済という仕組みの中に広告をどう位置づけるか、という問題に対するぼくの個人的な見込みにふれておきたい。前節でも簡単にふれたことなのだが、近代社会＝市場経済は、社会・国家の仕組みとしては、相当によくできている。おそらく人類が今までに作った社会構造の中では、最も迅速かつ効率よくフィードバックの作用をする仕組みになっている。しかも、ネガティブ・フィードバックとポジティブ・フィードバックのかねあいに関しても、ある意味で実に絶妙にできている。強い「力」をもつ特定の個人の恣意によってではなく、自然現象のようなことが進行する。もちろん、フィードバックの効きかたが少し狂っただけで巨大なバブルが発生してしまうという敏感さもある。いずれにしろ、近代社会＝市場経済は、その基本的原理に抵触しかねないサブシステムを数多くシステム本体に付属させることによって、システムが発生させるトラブルを解消したり、トラブルによるシステムへの衝撃を緩和させたり、トラブル発生のメカニズムを部分修正したり、トラブルと反対のベクトルをもった要因を意図的にシステムにインプットしたり等々で、システムの「正常」の作動を、とにもかくにも持続させている。このメカニズムにおいてぼくらの社会は卓抜した「作用性」とでもいうべきものをもっている。所得政策、福祉政策、財政・金融政策、環境政策等は、いずれも近代の基本原理と、その発想の基本のところで抵触する可能性がある。しかし、これら政策によって市場経済は、機能し、生きながらえている。「近代」が相対的にすぐれているといわざるをえないのは、市場経済＝資本主義よりヨリ合理的とされていた社会主義経済が右にあげたような政策のどれにおいても効果的でなく、その結果システム本体が崩壊してしまったからである[11]。広告もサブシステムのうちのひとつであろう。サブシステムにもいろいろあって、広告などはシステム本体内部に完全に繰り込まれている。他方、環境問題やフェミニズム運動などは、システムに外側から付加されたという関係になっている。もちろん、どちらがより重要なサブシステムなのかどうか、は自明ではない。

話は広告である。個々の企業や製品の広告は、それぞれすでに指摘したような個別の機能を実行している。そのコスト／パフォーマンスを経済的合理性で説明できないとしても、である。他方、市場経済という全体のシステムの中でみると、右の個別機能の巨大な集積もしくは積分値は、総体としては経済という働きをより円滑に進めている。だから市場経済にとって、広告量は「必要経費」のようにみえる。この機能そしてそれに見合うコストが、経済学の理論体系に組み込めないというのは、やはり、ぼくにしてみれば、不思議といわざるをえない。

先に、広告は、現代における文化的表現体であり、表現ジャンルのひとつであると書いた。「商業美術」（そろそろ死語か）ということがあるぐらいなのだ。表現体であるが故に、これに接するものを「その前で立ち止まらせ」、彼に「ある種の感動や衝撃を与え」、「なにごとかを記憶させ」、「時に（彼の）広義の信念体系を変換させ」、「（その）ライフスタイルを変えさせる」。広告は文化であり、文化的な創造である、といわれる所以である。このことは、換言すれば、広告が、その外部的な「構造」や「力」から相対的に自立していることを意味している。実際、もし広告の属性のすべてが被規定要因であるとすれば、今まで指摘したような「広告の働き」などありえない。かくして、広告は、相対的に「自立した世界」を形成していることになる。広告は、将来において実現すべき（実現してほしい、実現させねばならない）なんらかの状態について語っている。その「語り」が、この世界とコミュニケートした人々に、心の部分的転換を誘い、なんらかの新しい意思決定を喚起し、しばしばその状態の実現のための行動を促す。要するに「自立した世界」である。

広告がどのような要素から、どのように構成されているか、全体システム内でどのように定位され、どう機能しているか、の理論的描出と「自立した世界」イメージとから、これを直ちにメディア空間としておかしくないと考える。広告は、部分的に、現に存在する「もの」やサービスについて言及してはいる。しかし、ほとんどの広告がメッセージしているのは、「もの」サービスと人間（生活）との、まだ存在しない、「理想」として想定された、将来にあるべき状態に対する価値付与や、あるいは誘いである。だから広告は、今や、現実の生活空間に対して相当に牽引する力をもったメディア空間である。

ここまで議論してきたことからも明らかなように、そしてなによりもまず現実の市場経済、なかんずく個人消費の集積よりなる消費経済は、このメディア空間なしに機能しえない。広告という働きがまったく存在しない市場経済はどうなるか、簡単な思考実験で想像できるからやってみればいい。結論をいうと、広告なしにどう頑張っても経済の規模は半分以下になるから、事実上、市場経済は崩壊する。したがって広告というメディア空間は、市場経済に構造的に組み込まれていることは明らかである。そしてさらに、この「メディア空間」は、現に存在していない、近未来に実現する可能性も決して一〇〇%ではないことがらについて語っている、という点でヴァーチャルである。一方で、市場経済の内部で広告がなんらかの現実的な「結果」を常にもっていること、他方で、「メディア空間」としての広告がヴァーチャルであること、このふたつは対立・矛盾しているようにみえるかもしれないが、ヴァーチャルであることが効果を生む原因になっていることは、明らかである。

再三いうように、ぼくらは、経済学的にはともかく、現実的・経験的に広告が競争の有力な手段・方法であることを知っている。実際、とりわけ広告表現と、狭義のメディアの広告のための利用方法と、より包括的なマーケッティングの方法と、これらにおいて広告は急速な進化と洗練をとげている。そこで、デカルト的近代の原理や、近代の時・空観念や、経験的・常識的な序列の観念や、が相対化され、反転させられ、時には否定されている。早い話が「モーレツからビューティフル」に始まり、イメージCMを経て、今日のスキャンダラスでナンセンスな広告、時代の支配的観念の脱意味化した広告まで、実例に事欠かない。広告という存在が、ある面では、すぐれて近代に属していて、近代が生んだ文明的成果を貪欲に利用している事実を否定しない。しかし同時に、特に表現体としての広告、メディア空間としての広告の側面では、すでに近代を超えたというか、脱してしまっている。広告のつくる「記号的・メディア的空間」は、近代的な視角からすると相当に歪んだ空間であり、平俗ないいかたをすれば、ヘンな空間である。つまり、近代の原理と、近代を体験したぼくらの空間意識、つまりは物理的な距離、文化的な距離、心理的な距離に関する常識的な感覚とを、相対化し逆転させた「空間」、広告のかかわるメディア空間とは、こういう空間である。もちろんそうであるが故に、そこに成立するイメージの衝迫力が市場経済を誘導するだけの「力」をもちうるわけだ。(12)

さらにそういう空間である以上、この空間における「居住」、「移動」、「享受」、「時間」あるいは「仕事」「遊び」「余暇」等々は、デカルト的空間のそれらとは異った、独特の意味あいをもたざるをえない。パソコンの操作を表現する陰語、コンピュータフリークが愛用する奇妙なことばたち等は、非デカルト的空間のもつ異様さと対応しているにちがいない。これらのことばは、広告のメディア空間にも応用可能なのではあるまいか。いや、もう使われている。

いうまでもないが、「広告メディア空間」は、狭義のメディアのつくるメディア空間を、主要な構造上の基盤としている。当り前の話だけれど、テレビCMのつくるメディア空間は、テレビがつくるメディア空間上に、あるいは空間内に形成される。もちろん、ある製品のテレビCM・ラジオCM、新聞広告・雑誌広告・店頭のディスプレイ・ポスター、製品についての人々の会話等々は、ほぼ連動しているから、連動がひとつのメディア空間あるいは複数のメディア空間の合体ともいえる。換言すればこの空間は、多種メディアを有機的に構成しているという意味で「社会的メディア空間」であり、さらにいうとこれを複雑化させ洗練させた「メディア空間」である。要するに、それこそさまざまなメディアがあって、それぞれのつくるメディア空間があり、それらの「合体メディア空間」があり、さらにこれに、広告等の文化的・表現的ジャンルのつくるメディア空間が付加され、もっと細かくは、個別作品のつくるメディア空間、個人が自我のまわりにつくる個のメディア空間が折り重なっている。つまり、メディア空間は、多次元、多層、多系列の「n次元空間」構造をもっていて、その上で、個々の空間も、任意の複数空間の合体空間も、明確に定義された状況の下で有意になる。広告空間も例外でない。個別企業にしてみれば、自社の製品のテレビCMが、どのような社会的拡がりをもつメディア空間に、成長したかが最大の関心であり、他方、市場経済全体の立場からすれば、広告全体のつくるメディア空間が市場経済をいかに活性化するかが問題なのである。思わずメディア空間の構造の話に立ち入ってしまったが、本格的には第II部で議論する。ただ、市場経済と広告を考えるについては、最小限の空間構造への言及が必要だったので。

市場経済という場では、各種経済データ・指標を記号化したもの、これらデータ・指標についてのメタ記号体系（経済見通し等々）、各種機関・主体の行う経済予測という記号群、これらとは若干異質な広告という名の記号＝メディア等が数え上げられる。つまりは、これらが複雑・多層のメディア空間を成していて、現実に、市場経済を動かしている。先年のブラックマンデーの株価のパニック的一斉大幅下落は、各種エイジェントの行動基準となったコンピュータソフトが一緒で、一つの判断だけがアウトプットされ、全エイジェントがその指示に従ったから、といわれている。この場合のソフトを共有しているコンピータ群は、明らかに「自立したメディア空間」であった。少なくとも取扱いについては、そのソフトが絶対的な「力」をもっていた——という共同幻想があり、プロのエイジェントたちもこれに従わざるをえなかった（メディア空間は、共同幻想とは相互的因果関係をもち、もちつもたれつなのだ）。市場経済の場合、その気になれば、この「力」を相対化し緩和するメディア空間、その「力」の装置化が可能である。前にも書いたとおり、市場経済は、基本的に柔軟構造であり、代替機能がよく整ったシステムなのである。以上のふたつの節では、市場経済の中に、広義のメディア空間がどう仕組まれ、どんな機能を果たしているかを描いてみた。後半では、広告に着目して描写を試みた。同様のことは、今日の金融市場の中心的構造を担うコンピュータ群から市場経済をみることによっても可能である。が、この辺から先は、本当はプロの経済学にまかせるしかない——のではあるまいか。

註

(1) 科学的思考が対象を限定しないことに成立しえないことはわかる。近代の学問もまた、対象と方法の限定、対象に対する認識主体の態度の厳しい限定によって成立してきた。したがって、学問の理論体系と、その理論体系の言及の対象である現実の体系とがおのずから別のものであることは、理解できる。しかし、限定された対象に対して確実に変数として作用している要因を、「科学的認識に耐えない」という理由だけで、認識の対象からはずしていいものか、と思う。経済学は、「科学」であろうとするあまり、そういうところで厳しすぎるのではあるまいか。いかに厳しく限定しても、排除されて残ったもののすべてとなると、人間の認識能力ではやはりムリなのだ。ムリだということを前提に始めるしかない、と思うのだけれど。

(2) 前の章でメディア空間の重層性のことにふれた。どうも、人間の生活空間もしくは生活構造というのは、なにか基底的な核になるものがあって、その核の発展・変形が副次的な「空間」「部分構造」を生み、全体としては、複雑ではあるが単一の構造体を成している、というものではなさそうである。メディア空間もそうで、多次元空間であり、したがってその認識、分析、理論化、記述には、異次元に属するふたつ以上の理論体系が必要なのではあるまいか。現代物理学への連想も、こんなことを考えているからである。一元論か多元論か、という話にもつながるのだろうが、ぼくらが直面している「現実」には、多元論のほうが有効のように思える。が、単なる多元論で片がつくとも思えない。現実はさらに多次元的構造をもっているはずだから。

(3) フェティシズムというパラダイムを、ぼくは使いすぎているのかもしれない。しかし、フェティッシュとしかいいようのないものが、ぼくらの生活空間に多数散在しているのは事実であって、「経済の世界」も例外でない。貨幣のもつ属性のうち、経済的合理性で説明できる部分もたしかにある。しかし、古来、人間の貨幣に対する「志」というか、執着というか、これは合理性だけでは説明できるようなものではなかった。したがって、経済の世界における貨幣の機能の中に、明らかにこの志・執着に由来するものが残っている。だからフェティシズムの多義性は、大変に有効な説明力をもつことになる。

(4) 広告は、どうやっても経済の理論体系に繰り込めないフェティッシュの最たるものなのか。広告のもつ、一種の、いかがわしさとでもいうべきものを考えると、理解できないわけではない。しかし、どうしても否定できない広告の経済的効果ぐらい、経済学は説明すべきではなかろうか。もっとも最近「広告」をパラダイムとした試みが現れはじめた。「パラ・マーケット論」「アシッドマーケット論」等々。

(5) 端的にいって、市場とは、ことばと数字（いずれも記号でありメディアである）が、並列されている「場」であって、そこには、具体物や顔をもった人物は存在しない。もちろん、ことばと数字は「意味」をもっていて、それが市場を観察している人々の意思と行動を支配し決定している――という意味で、典型的にメディア空間といいたい。

(6) 株式の異常な上昇・下落については、このポジティブ・フィードバックの「効きすぎ」で説明できるような気もする。しかし、そういう学問的・理論的説明は寡聞にして知らない。まあ、シロウトの思いつきにすぎないのかもしれないが。他方、七〇年代以降の、たとえば日本社会の構造と運動をみていると、フィードバックが実によく効く社会、という感じをもっている。もちろん、この場合はネガティブ・フィードバックなのだが。いうまでもないが、フィードバックの過程とは純粋に「記号の過程」である。

(7) 市場へのこうした逸脱的「力」の作用は、市場原理とどう理論的に関連づけられるのだろうか。ぼくは、市場原理の作動の前提になっていると思っているんだけれど。

(8) 別の稿で、コミュニケーションという行為には、なにやらいかがわしいところがある、と大変に非学問的なことを書いた。非学問的であろうが、ぼくのこのイメージはずっと続いている。広告について、いささか振幅の大きすぎる議論を書き連ねているわけだけれど、要するに、広告はコミュニケーションの一形態で、そしていかがわしさの最たるものだ、といいたかったのだ。

(9) いうまでもないが、「香料《スパイス》」は一例にすぎない。「新大陸発見」の時代、「新大陸」からヨーロッパに到来したものは、多々あった。だから相当な規模の商品経済が、あるいは商業資本を動因とする経済のメカニズムが、働いていたはずである。

(10) この前後の文章は、決して宗教を貶しめていっているのではない。「ありえない楽園」を描くことの、人間にとっての効用をぼくは認める。あるいは、「語られる楽園」（楽園そのものではない！）を求める人々の心のリアリティを否定するいわれはない。問題は、宗教におけることばの作用力と広告のそれと、相通ずるものがある、ということをいいたいのだ。

(11)　社会主義と資本主義と、あるいは東側と西側と、いずれがよりすぐれたシステムであるか（あったか）、に関して、ぼく個人はほとんど興味がない。資本主義は思想といえるかどうか疑問であるが、社会主義は思想だった。こうした思想が、歴史の中でどう消長してゆくか、人がその思想を思想とするとはどういうことか、人が思想のためにみずからの「生命」を放棄するとはどういうことか、思想（哲学）の不在が何故非難されるか、といった問題には関心はある。しかし、社会のシステム構成として、資本主義か社会主義か、という問題に対する思考は、少なくとも二〇世紀の歴史をみるかぎり、あまり意義があるとは思えない。今、ぼくらの文明社会がたどっている方向は、資本主義と社会主義がイメージしていた未来とは、相当に違うのではないか。

資本主義＝市場経済は、常時、小さな崩壊を起こし、その都度応急措置をほどこしてながらえている。社会主義＝計画経済はたった一回の崩壊で終焉した……。

(12)　広告の起源は、定義如何にもよるのだが、たとえば江戸時代にまでさかのぼることができる。江戸時代はプレモダン。本文にもあるように、広告という社会的機能を成立させている諸要因・諸機能の大半は近代に属し近代の産物であり、しかも広告を形成する不可欠の条件にもなっている。だから広告とはモダンのもの。が、広告が広告であるかぎり避けがたいヴァーチャリティは、近代の時・空観念を超えている。この点で広告はポストモダン。プレモダン—モダン—ポストモダンというパラダイムはまさしく近代が生んだ観念形態である。この枠組に従うと広告を三つの時期に分けて考えねばならないということになるんだろうか。

「メディア論」のひそかなねらいは、この広告をひとつのエンティティとしてとらえられないか、という点にもある。もちろんひとり広告のみならず、なのだが。

第3章　「政治の世界」とメディア空間

1　「政治的メディア空間」の自立――「まつりごと」と「神の国」

「政治」の機能の最広義の定義が、「広い意味の社会的資源の〈生産〉とその〈分配〉」である以上、つまりは、人々の心的・身体的エネルギーの動員とそのキャナライゼーションを不可欠とする以上、「政治」は「まつりごと」であることをやめられない。換言すれば、人間とは、価値を持ち、価値を生き、時に価値を転換させる習性をもち、かつその価値の保持・転換をエネルギー源としている以上、「政治」という働きには、常にいくばくかの、これも広義の「宗教的なもの」が含まれる。その証拠に、さまざまな政治的言表――政治家の発言から評論家・識者・研究者・ジャーナリストの発言まで――しばしば、科学的証明ぬきで（証明できないから）、「……と信ずる」「……を順守する」「……の原則を守る」等々が頻出する。いずれも「価値的信念」を表明している。これと相容れない価値的信念による反論は有効性をもたず、両者の間には永遠の対立があるにすぎず、まさしく政治的事情による妥協があるのみ。異なる価値的立場の間の協力（連立政権）は、基本的に永続的ではなく、常に崩壊の可能性をはらんでいる。例はいくらでもあるけれど、以上は「政治」が終《つい》にまつりごとである証拠のひとつである。

　この文章を書いている現在（二〇〇〇年五月）「日本は天皇を中心とした神の国である」という現首相の公的な場での発言が問題になっている。「私的な場での発言をあげつらうのはいかがなものか」という与党幹部の発言もあるが、家族やごく親しい友人との会食の場ならともかく、多くの与党議員が要職にある「宗教団体」の会合は私的ではないし、少しでも「社会的」と形容せざるをえない場は、首相・政治家にとっては、公的な場である。

　つまり、「ことば」が公的な政治的意味をもってしまう場である。もちろん、与党幹部は先刻承知のはずで、「私的な場」発言は、状況を少しでも好転させようという「ことさらの強弁」である。面白いのは、この与党幹部の、大変に意図的で、かつ政治的常識に反する発言が、彼の意図にそった「政治的意味」、したがって「政治的力」をもってしまうこと。ぼくは今、「政治の世界」が、いかにメディア空間であるか、「政治の世界」をメディア空間によってどこまで語りうるか、という問題に「挑戦」しているわけだけれど、そのぼくの今の思考や理論の構成にとって、この与党幹部の発言の「政治の世界」でもつ意義や役割や効果は、大変に刺戟的かつ示唆的である。彼の発言自体が「この世界では、ことばが時には決定的な力をもつことがある」ことを示しているからである。つまり、この一事をもってしただけで「政治の世界は、すぐれてメディア空間である」ということになるのだから。

問題の現首相の発言にもどる。彼は「神の国」発言を撤回していない。したがって、これを彼の個人的信条と理解していいだろう。彼はまたみずからの宗教意識を表白している。「神」という以上、彼は「神」についてなんらかの定義（ほとんど信仰に近いだろうが）をもっていなければならない。彼の定義がいかなるものであるにしろ、「神」は「人間を超えた存在」を含意している。この国は、その「神」の国、「神」が支配する国である。この彼の信念を根底から否定しえないのは（仮に憲法にどう書いてあろうと）、アメリカの大統領就任に際し聖書が登場することや、なんらかの宗教的・思想的原理に基づいて政治が成立している国々がこの地球上で多数あること、による。キリストやアラーの神が「しろしめす」国々と、首相のいう「神」が支配する国と、両者に是非はありえない。したがって、彼の発言は、現在の世界の多くの国々の「政治の世界」に共通するある核心を語っていることになる。昨今人々のお好みのグローバルスタンダードからすれば、彼の発言は非難されるいわれはない。念のためいっておくと科学的思想なるものを根本理念と称えている国も批判の資格などない(1)。そして「神の国」であることを、政治家として国民に徹底させたいという議論の展開は、まさに「政治はまつりごと」を主張している。この点で、「理想の民主化」を実現していると自称している西欧の国々も同様であって、祭と政を明確・截然と区別している国などほとんどない。「政治」は終にまつりごとなのだ。

「はじめにことばありき」、そう、神はことばにおいてのみ存在する。伝統的な宗教意識では、神とことばはほとんど相同・同義であり、「神」がまずあって、その後に、「神」の被造物としてことばがある――という教理もしくは理論構成にはなっていない。これは、他の項でも指摘したことだけれど、宗教という文化形態は、ことばと象徴物によってのみ構成されている。つまり、記号表現《シニフィアン》部とは、論理的・自然的・有縁的には、本来関係のない「意味」の集合態（あえて体系的とはいわない）が宗教である。そしてここでの主題との関連でいえば「政治」は、その宗教的要因を、多かれ少なかれ、含むことによって成立していること、これが重要であって、だからこそ、大統領はごく自然に聖書に手を置けるし、首相の口からは素直に「神の国」が出てくるわけだ。「政治」には超越者が必要なのか[2]。

　ぼくは、現首相が、真面目に心情を吐露した、あるいは「戦後の行き過ぎ」を是正するために意図的に発言してみた、さらには当該の集会に対するリップサービスであった――という見解に同意できない。ではなくて「政治」という働きの核心に置かれてみて、その働きを中心的に担わねばと思念した時、ごく自然に出てしまった台詞とみる。「国家もしくは国民の政治的統合には、人間を超越した価値が不可欠である」、とは歴史的・現実的にすんなりと出てくる「結論」なのだ。このこともまた、論理的・理念的な是非はともかく、「政治の世界」がメディア空間であり、ことばや記号や象徴（物）が、論理的な思考の枠組みを超えて、あえていうと「理不尽な」という形容語が当ってしまう意味をもち、役割を演じ、効果をもっていることを示している。

「天皇を中心とした神の国」というパラダイム構成は、「神の栄光を実現する政治」や「客観的な真理＝理念にそう政治」といったパラダイムと相同である。これらに対して是非・正邪・真偽を問うことは、本来はナンセンスである。ところが、ここからが興味深いのだが、現実の政治過程では、「神の国」の是非をめぐる「議論」が政治的な意味をもってしまう、もたされてしまう。今日の日本の場合でいえば、「新憲法の精神」→民主政治、第二次大戦遂行時のイデオロギー＝国体思想、天皇を元首＝主権者とする支配体制といった、今ではいずれもほとんど幻想と化している虚構があって、「神の国」のひとことで、この虚構を一挙に「リアル」にして、政治的な闘争の手段として利用しようという政治勢力が存在するからである。「神云々」は、「〇〇主義実現のために……」と同様、これをめぐる議論からは、議席数の幾つかの移動を除くと、実質的な政治的意味もしくは利得はほとんど生じない。早い話が、経済の状況などいささかも変わらない（首相の言語感覚の鈍感さというか、センシビリティの欠如は、たしかに眺めていて気持のいいものではないのだが）。かくして、「神の国」から始まって、「新憲法」「民主主義」「国体」「……」等々は、政治的な実質的意味のごく稀薄なことばたちである。

ところが、このことばたちが、マスコミを含む現実の政治のプロセスにインプットされると、「政治の世界」状態は、一挙に活性化する。少なくとも、ことばによる攻勢は激しく騒々しい。したがって、攻勢に対する反撃もまた結構にぎわしい。「政治」は、一時の沈滞を脱し生気をとりもどしたかにみえる。しかし、みればわかるとおり、この活況は、ことばの活況なのだ。その活況からいかなるアウトプットがあるのか、どのような政治的効果があるのか、は大変に疑わしい。ぼく個人としては、「出てくるもの」は零に等しいと思っている。

もちろん、与野党間で、「神の国」や「国体」や憲法（改正）や、首相の失言（の真意）等々を選挙期間中議論し続ければ、マスコミの政治、選挙関係番組（時間と頻度）は増加する。「政治的メディア空間」の「記号密度」というか、ぼくのことばでいうと「情報圧」は高くなる。その結果、右にも書いたとおり投票率に若干の変化が現われ、各党間の得票率に異同が生じ、当選者の顔ぶれにいくらかの変化をきたすかもしれない。マスコミはこの間、「民主主義とは」「民主主義の回復」「憲法の理念への回帰」等々の大小キャンペーンを繰り返す。いずれも、「メディア空間」内部の話である。内部の話であることはまた、「政治の世界」がいかにメディア空間であるかを物語っている。

他方、「神の国」や「国体」をめぐる議論など、今、ぼくらの社会・国におかれている深刻なジレンマにほとんど関係ないことを、政治家当人もマスコミも、実はよく知っている。しかし、政治が「メディア空間」を含むこと、しばしばメディア空間の動きに左右されることも知っているから、議論はやめない。党派によっては、この「国体」「神の国」問題以外に発言能力をもたないものすらある。この党派は選挙期間中、終始「神の国」を繰り返す。つまりは、「メディア空間」でのみ、「行動」する。

シリアスなジレンマとは、成熟しきった消費社会（伝統的な政策の効果が出ない）、高齢化・少子化・高福祉化による急激な負担増、破綻寸前の国家財政、モラルセンチメント（古いなあ）の崩壊等々である。これらに対して現実的に論理的な整合性と合理性をそなえた政策を提示している党派はまだない。政策の形成・立案が困難なこともあるけれど、「本当のこと」の公表は自党の選挙結果に甚大な被害を与えるからである。かくして厳密にいうと矛盾を含む「政策」がおずおずと出される。自信はないからみずからの政策の積極的な主張をひかえて、対立党派の政策の攻撃に熱心になる。マスコミは、この「攻撃的議論」が好きだから「政治討論会」的番組などで、ここを刺戟する。議論は活性化する。またしてもメディア空間が内的ににぎやかになる。このにぎやかさの中で（番組の途中で）、電話アンケートをやると、確実に投票率は九〇％を超える。いうまでもないが、この投票率は「メディア空間」内部の話であって、実際の投票率はせいぜい六〇％前後である。[3]「政治の世界」は「メディア空間」を含むが、まったく相同というわけではないのだ。ほかのところでも何回か指摘しているように、「メディア空間」は、「現実」に先行する。「現実」は、メディア空間内の言説、予言、予測を模擬する。しかし、「完全に」ではない。投票率に現れているように。とはいえ、投票率九〇％というありえない数字が出てくるところが「政治の世界」の「メディア空間」の興味あるところだ。おそらく、現代民主政治といえどもまつりごとであって、それがいかにメディア空間であるかを示しているわけだけれど、「政治番組」という「政治的メディア空間」も、その延長線上にあることは明らかだ。だから九〇％という異様な数字が飛び出して不思議でない。

　メディア空間では、ことば・記号・象徴（物）のもつ意味の衝迫力がものをいう。「消費税＝増税」などその好例で、その「力」から極めて非現実的・非政策的な結果がころがり出てしまう。

「投票所へ行こう」もそうだが、これはアンケート結果に現れるだけだ。マスコミは、こうしたメディア空間のにぎわしさを、当然のことながら、歓迎する。視聴率の上昇をもたらすだろうから。ことがらが最終的に国民＝民衆の福祉に寄与するか否かは、マスコミにとって二義的である。

マスコミが、「政治の世界」におけるメディア空間の大きさや「役割」の重さに関心をもつのは当然であって、非とするいわれはない。しかし、マスコミの公的発言によれば、これもあれも、すべてはこの国の政治の成長、民主主義の育成、政治における合理性の確立のため、ということになっている。ところが某日、民放の中でもことを真摯に扱うので定評のあるワイドショーで選挙を扱っていたのだが、各党首の街頭演説の「採点」をやっていた。アメリカ仕込みと想定される、自己表現、自己提示術の「専門家」が採点している。採点の対象になっているのは、演説の最初のことば、語り口、表情だけであった。ぼくは思わず「就職試験の面接じゃあるまいし」とつぶやいてしまった。政治が所詮まつりごとであり、選挙はショーでありパフォーマンスでありコンテストであり、党首・候補者は演技者であり、選挙戦はゲームであり、総じて劇場政治であるのかもしれない。したがって党首の演説の採点の対象がみてくれだけでいいのかもしれない。なにしろ、すべてはメディア空間内のことなのだから。しかし、これは、彼らが日頃からいうテレビジャーナリズムとは異質であり対立するものであり、しかも民主主義の成熟に寄与するわけなどない。そして、なによりも深刻なことは、こうした民主政治のショー化（厳密にいうとこれは形容矛盾だ）の中で、先進文明諸国の投票率の低下が起こっているという事実である。「選挙なんて、所詮、お祭りさわぎ。テレビジャーナリズムなんてありえない」と公言しているのなら、理解できる。この公言なしに、あの「採点」は、「ホンネは視聴率」であったにしろ、自己矛盾も甚しい。もし自己矛盾に気付いていないとしたら……。それはともかく、この「採点」を番組化したのは、この番組が「政治的メディア空間」であるという認識のほうは徹底していたのだろう。この「採点」は選挙の結果に、どの程度、影響を与えるのだろうか。

「神の国」発言と選挙がセットになってぼくらは、「政治の世界」にどの程度、構造的にはどのように、メディア空間が含まれているか、をまのあたりにすることができた。マスコミは、当り前の話だけれど、この「メディア空間」の「形成」に熱心である。そして、マスコミのみならず、政治家本人たちもメディア空間内のことどもの本来の政治的意味について、本当に真面目に考えているのかどうか。ともあれ、政治家もまたメディア空間内ではかなり熱心である。現代政治がメディア空間の動きと相当に強くリンクしている点に関しては、認めざるをえなくなっているからだろう。

こういう内幕を書くことは学問的には許されないのだろうが、この章の元になった小論文は、一〇年前に書かれている。間接税問題で保守系が惨敗した事実に促がされて書いた。「政治はことばから始まる」というのが、頭の中にあった主題である。この主題については、今も考えに変わりはないが、その後に続く一〇年間で、ぼくが最も興味をひかれたのは、投票率の低下であった。ぼくのシロウトとしての考えだが、この低下問題は現代政治の核心に近いところにあるのではなかろうか。のみならず、この数十年、ひとつの政治理論的仮説として誰も疑わなかった「大衆民主主義↓

政治的無関心」が、相変らず有効なのかどうか、という疑問をもった。かくして、一〇年前の小稿はほとんど破棄、新たに稿を下すことになった。折しも、「神の国」であり、選挙である。素材に事欠かない。しかも、「政治の世界」におけるメディア空間の実在、そしてその相対的自立性もより顕在化しつつある。イントロとして右に書いた文章は、意識的に、この数ヶ月の政治状況に寄りそって書いた。メディア空間は自立している。自立させようという意図や努力もある。しかし、その自立には、いちまつの虚しさが伴う感じを否定できない。

2　政治的「力」としてのメディア

いわゆる「政治」が成立する前提は、一定の規模を超える人間集団の存在である。なんらかの作為もなくごく自然に、最広義の「資源」が成員間に平等に分配され、かつその分配に成員からのクレームがいっさいない場合、「政治」は必要ない。しかし、集団の規模が大きくなると、資源の分配の仕組みは複雑になり、公平が期せなくなり、成員の増加は「公平さ」をめぐっても合意が困難になる。いかなる公平・正当・妥当な基準をもってしても、必ず誰々かのなんらかの不公平感は不可避である。かくして、集団内で分配をめぐっての葛藤、軋轢、対立、闘争が始まる。

　たとえば、多くの人々が「あるべき生の形式」についてなんらかの願望・希望・理想をもっている。もちろん、この理想・理念が、集団成員間で合意されることは、まずありえない。かくして理想・理念を共有するいくつかの人間集団に分化し、それぞれの理念の実現を主張してより多くの人々の賛意を得ようとする。政治的党派の成立であり、多数派形成の試みは、近代政治の場合、主として選挙によって行われている。理念の分有もまた、資源の分配の一形態にほかならない。

分配が常に不公平感を生んでいるということは、分配に際しなんらかの「力」が作用していることを示している。その力は、一般には「権力」といわれているけれど、その「権力」の由来する源は、宗教的な教理であったり、思想的な正統性であったり、金銭の授受であったり、あからさまな暴力装置であったり、利権の操作であったり、政治組織内の力関係であったり、「合法的」に成立している政治機構の（正当であったり恣意的であったりする）作動であったり等々である。さらには、「政治の世界」に住む、いわゆる政治的人間と、その周辺にいる、多くは政治の個別的動きと強く結ばれ利害関係に緊縛された、政治に関与している人々（行政担当等を含む）と、彼らのいうならば「人間関係」が、「力」の作動、その方向、その強度を決定している。家を建てる時、中々下りない「建築確認書」を早く下ろしてもらいたかったら、この「人間関係」になんらかの作用力を及ぼせばいいのは、今でも常識ではなかろうか[4]。つまり、こうした些細な「政治的決定」から、国家レベルの政策の策定まで、右に書いた多様かつ多元的な「力」が作用するのみならず、「人間関係」もまた作用している。

要するに「政治」とは、こうした諸力が錯雑に作用する場の謂であり、また諸力を操作してなんらかの「決定」を導出する作用でもある。その諸力のすべてというか、その範囲というか、その確定は必ずしも容易ではない。たとえばの話だけれど、選挙における棄権率や死票率は、直接的ではないが、やはり「力」として作用するし、外交交渉では、国内の少数意見の存在とその内容が、常に一定の意味（力）をもっている。つまり、諸力の関係は複雑・微妙を極めていて、現実に存在する（した）政治過程において、これら諸力がどう関連し作用し合って、ある一定の政治的事態の出現になる（った）のか、その実証的研究などあるのか。シロウトのぼくからみると、政治学は、理論や理念を語り、既存の体制の批判に熱心にすぎるのではないか。こうした理論や批判は政治的現実の部分を語るにすぎない。早い話、選挙の結果の専門的な分析に、ぼく自身は納得した記憶がない。無党派層の増加、棄権率の上昇等々についても同様だ。今、「政治の世界」に実際にどんな「力」が、どういうふうに作用しているのか、固定観念や、伝統化されオーソライズされた仮説や、権威ある理論や、学派間の従来からの論争のいきさつ等から自由になって、今起こりつつある事態を眺めてみる必要があると思うのだけれど。

二〇〇〇年の選挙で若干の投票率の上昇があった。数パーセント。ぼくは、この数パーセントが意味をもったことを認める。しかし、「数パーセントしか」であって、決して「数パーセントも」ではない。六〇%ちょっとの投票率で決定された政治勢力の分布に、政策決定の本当の根拠があるのだろうか、という疑問を否定し難いし、この次の選挙でこの投票率の水準が維持される保証などない、と思う。無党派の増加も、投票率の長期低落傾向も、やはり構造的なものだと思う。したがって、大衆社会論の「政治的無関心」や「政治的無知」や「DKグループ」といったキイワード・

基本的パラダイムは、もはや無効なのではあるまいか。

　話をもどす。いいたかったことは、「棄権」も、「投票前世論調査での異常に高い〈投票率〉」も、構造変化に起因する諸変化も、すべてがなんらかの「力」として作用している、ということなのだ。この、無数のといっていいほどの諸力が作用しあっている場が「政治の世界」である。作用の人格性とでもいうべきものをカッコに入れておいて、この作用の場を外側から観察すると、諸力のうちのいくつかが作用し合うのみならず、その諸力のすべてが複雑・微妙に交錯しあっている、いうならば非常に複雑な構造というか、動的状況をもった「力学的な場」にみえる。ある特定の小さな「力」の作用が、この「作用場」の中で増幅されて大きな結果をもたらす（料亭での定期的な顔合せの際のとりとめのない話が、次の段階で政局を左右する決定な「力」をもってしまうというように）こともあるけれど、他方、選挙→政権交替といった大きな「力＝作用」が、状況（世界を含む）というもうひとつの大きな「力＝作用」によって、その効果をほとんど否定されてしまう、ということもある。つまりは、そういう構造と機制をもった「力学的な場」なのである。

　ぼくは、個人的には、政治家個人の能力・個性の意味が低下しつつある現在（これも世界的）、さらには選択しうる政策の幅もごくごく限定されるようになってしまった現在、この「無機的」な比喩にかなり魅かれるところがあるわけだけど、やはり、この「世界」に所属し、なんらかの影響力をもつ人物の意思決定や、各種メディアにおける政治的表現体がもつ力、「力学的な場」で大きな作用を成している政治的象徴・記号の運動を考慮に入れざるをえないし、そうなるとこの比喩はここどまりである。本章の主旨からすると、ここで中心的にとりあげねばならないのは、やはり、象徴と記号の運動であり、その運動を成立させる装置であり、運動そのものである。かくして次には、この運動を描くことになる。つまりは「政治的メディア空間」の描写である。

3　儀式性と「メディア空間」

しばらくは、政治と「まつりごと」を等しい、としておく。祭政一致は、現在の憲法の原理の下では許されていないが、「神の国」発言から始まって、選挙の際の神社・仏閣祈願、選挙の出陣式、○○開き、決起集会、選挙事務所に必ずあるダルマ、首班選挙、議員の座席順、首班（大統領）就任の式、国会代表質問と答弁の意味の薄いことばたちの氾濫、それを批評する野党首脳の毎回ハンで押したような批判のパターン化されたことばの数々、それを異としない政治家当人・ジャーナリズムそして人々、委員会の質疑応答のことばの大半を占める冗語と陳腐、それを批判することばの常套、人々がこれに倦んでいるにもかかわらず意味のない儀礼語・冗語・常套句・陳腐の繰り返し（ジャーナリズムもその一翼をになっている。政治的事件が起こった時の各社の記事・見出しと社説を並べてみるといい）、このテのエピソードはまだまだあると思う。一たん中断していうのだが、これらのエピソードから等しく流出してくる事実は、政治とは儀式であり、パフォーマンスであり、昔から決められている書き割りと科白による演技であり、しきたりが大いに幅をきかしている伝統「芸能」であり、その上で「政治の世界」とは「劇場」である、ということだ。これをもう一度いいなおせば、政治とは依然としてまつりごとだということ。護憲派も例外ではない。いや、ぼくのみるところ、政治的に無意味なことばをより多用し、政治的ディスカッションの場をにぎやかにし、まつり（ごと）を威り上げているという点では、護憲派＝革新系のほうが熱心である。これは、民主的・理性的討議であって、決してパフォーマンスなどではない、というのだろうか。それにしては、そのディスカッションやことばたちの政治的成果が皆無に近いのはどうしてか。どう説明するのか。政治は所詮まつりごと、といえばすでに説明がついてしまって、しかも納得がゆくのではなかろうか。

　まつりごとである。第一に、右にあげたエピソードからも明らかなように、これら政治的イッシューのほとんどが儀式であり、儀式化している。おそらくかつて、たとえば天皇即位の際の秘事には、宗教的・まつりごと的・政治的意味が濃厚にまといついていたはずである。天皇の存在と米作の作柄あるいは不作・凶作の間には、まつりごと（宗教）上、極めて密接・直接の関係があり、それを示す儀式は、天皇の存在を決定する意味を負わされていた。だから、今にしてみれば奇怪極わりない儀式＝作法にものっぴきならぬ意味があった。同様に、今日の民主政治に登場し、今や意味不明になった儀式も、かつては意味があった。たとえば首相の所信表明演説。テレビは放映し、新聞はほぼ全文を掲載する。しかし、本人を含め、議場にいる与野党議員、ジャーナリスト、政治評論家、政治学者、そして国民のいずれもが、就任の「ご挨拶」程度にしかみていない。新政権の新しい施策、新しい政治を展開しようという意欲、各政策の重点とその意義等についてのことばである。しかし、いずれもが、就任の儀式を構成するための、政治的・客観的な意味の稀薄なことばたちであり、そうであるが故に、儀式が成り立つ、儀式がより儀式になる――と実はみんなが思っている。演説中の態度がどうの、原稿の読みかたがどうの、という事態により関心が集まる[5]。

かくして、これら各種儀式は、政治過程の節目を画するための、比喩的にいうならば「句読点」の役割を果している。つまり、ある政治過程から、続く政治過程をつないでいる（メディアする）。換言すれば、これら儀式はまつりごとをスムーズに継起させるメディアである。もちろん、かつて演説には意味が濃厚で、首相の演説は「政治の世界」を変え、前とはいくらか異なった政治の出発点であった。しかし、本質的に形式化せざるをえない民主政治[6]（所信表明の際の言語・ことばの使用・作法に関する制約）では、施政方針演説も委員会質疑も例外ではない。そこでもことばたちの政治的意味は薄くなり、事態の進行を促すメディアになる。というわけで、今や、政治に儀式はつきものである。いや、儀式性に依存せずして「政治の世界」はありえない。もっと踏み込んでいくと、構造化された儀式が、現代政治の大枠を作っている。なにしろ、どうみても「お祭り騒ぎ」でしかない選挙（死去した父親の身替りというだけで、今時だと少女としかいえない女性が、何故、当選するのか。政治はすぐれたプロの仕事ではなかったか。少なくともぼくらは、プロのやっている政治に身をあずけているのだ。彼女の当選は、お祭り騒ぎであることを見事に示している）から、政治は始まるのだから。記号論では、実体的な意味を失い、約束された意味をもつものを「記号」といい、「象徴」

という。選挙に始まる儀式の全体は、この記号と象徴の集合体である。儀式に枠付けされた「政治の世界」は、メディア空間そのもの、といわざるをえない。

第二。もうすでに述べてしまったが、「政治の世界」に遍在することばたち。政治家のことば、とりわけ官僚・行政家のことば、評論家のことば、ジャーナリストのことば、学者のことば、思想家のことば等々。正直のところ、すべてが「ことばだなあ」という感じだ。もちろん、みんなことばだ。ことばでいいのだが、問題は、そのことばの本来の意味・その機能がどうなっているか、ということだ。

公約が実行されているかどうか、という話がある。この話の全体の意味というか、文脈というか、ニュアンスというか、そういうものからすると、公約は大半が実現していないことは明らか。むしろ約束されて実行されないのを公約という、という命題が成り立っている。したがって、まさに「公約のことば」はことばだけ、となる。ぼくの考えだと、いうまでもないが、ことばだけは公約にかぎらない。ヴィジョンや理念や理想を語ることばたち、これも一種公約のようなものだが、公約ほどには評判は悪くない。しかし、それらことばが現実といささかもかかわらない、この世での実現など最初から考えてない、どうせ不可能だけどいっておくべき、みずからがなんらかの政治的立場をとっていることの「証明」だからいうだけはいわば等々といった点で、公約以上に虚言（虚しいことばたちという意味）である。実現もなにもないのだから、ウソとはいえないだろう、ということだ。

とすれば何故、このことばたちが存在し、繰り返し語られるのか。選挙の演説は、もちろん公約からのみ成り立っているわけではない。しかし、公約をまったく欠いては、選挙は、いや演説は成り立たない。少なくとも当選したいと思うなら。公約の内容・中身が問題なのではなく、演説を演説たらしめる「公約」というアクセサリー（＝記号）が必要なのだ。いうまでもなく、そのアクセサリーの材料はことばである。そのことばに意味があれば、公約に中身があることになるが、そもそも実行する気はないし、アクセサリーにすぎないからことばがあって、そのことばが「公約」という意味を担っていればいい。かくして、公約のことばは本来の意味を失い、公約という「儀式」の構成要因となる。これを「単なることば」と表現することがしばしばだが、ちゃんというと「ことばですらない」のである。

所信表明には、常套句が羅列される。もちろん、その時々の政治状況にもよるが、あの演説の書き手（多くは官僚や秘書だろう）、読み手（本人だ）、聞き手（議員諸氏）、ジャーナリスト・評論家、国民等の誰一人として、当人の本音が語られているなどと思っていない。実行されるのは、いってることのほんの一部であって、それは所信表明の演説の前からわかっている。したがって、ここでもことばたちの役割は、所信表明なる「儀式」を成立させる点にある。ことばが指示し内包する意味など問題にならない。儀式の小道具なのだ。しかし、演説の小道具たりうるのは、やはり、ことばがことばだからなのだ。これをことば以外で代行することはできない。ことばが何ごとかを指示し意味するものであるからこそ、利用可能なのである。

このことは、所信を批判することば、解説することば、研究することばにもいえる。当り前の話だけれど、明らかに、記号論的・意味論的には機能転換させられてしまっていることばだけれど、やはりこれらもことば。所信についてのことば、いうならばメタ言語も、やはりことば、ことばでしかありえないのだ。儀式的であるのは、批判する側も同様。批判のことばは野党という立場の表明であり（所信表明の構成のロジックとまったく同様だ）、現実の政治や与党の政策に批判的であることにアイデンティティをみるジャーナリズム・評論にとっても、みずからがそうであることのあかしとしてのことばである。政府・与党の政策になんらかの変更・改善を促す意思など、一般に大変に稀薄である。

こうしたことばたちが、「政治の世界」といわゆる狭義のメディアの中を、大量に流通し氾濫し、そして交錯する。政治は「言論の場」であり、「ことばの世界」であるかのような光景を呈する。民主主義は形式的に形を成す。いかに、比喩的・アクセサリー的用法であるにしても、いってはならぬタブー語がいくつかあるにしても、たとえば戦前・戦中と比べると、いかなる用途であれ、ことばの使用の自由度は格段に増している。したがって、「ことばの世界」のことばの濃度・密度・許容度は高くなっている。が、このことばたちは、総じていかなる機能を負っているのか。とりわけ「政治の世界」においてことばたちはどんな役割を果しているのか、となると。

たしかにことばたちの何割かは、「政治」を動かす動因になっている。ことばの交換・交錯＝コミュニケーション＝メディア空間の動きが、「政治」を決定する。この場合も、ことばが、メディア空間の働きが、現実に先行している。つまりは、メディア空間は、少なくとも相対的に自立している。しかし、残りの何割かは、そこが「政治の世界」であること、のアイデンティティのために使われている。したがって、ことばたちは、それらが「政治の世界」にとりあえず属しているとされている、「政治の世界」のことどもとりあえず対応している、「政治の世界」ととりあえず意味的に連関している――これが十分条件であって、それ以上である必要はない、いやあってはならない。「政治の世界」を弁証すればいいのだから、現実の政治との対応関係やそれへの直接的な作用力・影響力をもつ必要はない。つまりは、「政治の世界」と部分的・相対的に閉鎖された世界があり、その「世界」のために、その「世界」を人々に認知させ許容してもらうために、ことばたちがあってメディア空間がある。この部分のことば＝メディア空間は、現実と直接的にはかかわらない。しかし、それはあくまでもある意味においてである。実際、メディア空間の働き＝ことばたちは、しばしば権力の授受・利権のやりとり・お金の動き等とは、関係している。この意味では「現実」とかかわる。しかし、政治理念・ヴィジョン・政策とは関係ないから、その意味では現実とは関係ない。「ある意味で」とはそういうことだ。もちろん、このメディア空間＝ことばたちが重要でないわけではない。政治家にしろ、官僚にしろ、ジャーナリストにしろ、評論家にしろ、研究者にしろ、「空間」に住みきれなければ、「空間」内で自由に行動できなければ、ことばたちの独特のコードに習熟していてことばたちを自在に使いこなせなければ、「この道」のプロとして、少なくともこの「世界」では認められない。もちろん、本来の意味の政治能力をもったプロ、という意味ではない。大量の二世議員の存在、政治能力など未知数か「ナシ」が当選している。つまり、能力はなくても、この「世界」の住人としては、つまりはある意味でプロとしては、認められているからだ。

政治にかかわることばたちは、こうしてぼくらの日常の「ことばの世界」＝メディア空間と乖離している。これはある意味で当然であって、別に異とするにあたらない。「政治の世界」にも独特のメディア空間があり、「経済の世界」のメディア空間も独特であったが、その独特さは相同・等価である――ということを強調しておきたい。そして「メディア空間」は、それぞれの「世界」の現実・機能・有効・実用的意味と直接的な因果関係をもたない、もたなくてもいい。しかし、それぞれの「世界」に、この種のメディア空間がある、含まれていることはたしかであることからして、つまり「ない」状態が考えられないことからして、「メディア空間の必然性（必要性ではない）」という命題があるとしなければならない。いうまでもないが、このことは、本シリーズで、歴史的・社会的・文化的状況こそ違え、その都度指摘し強調してきたことではある。

4　「記者会見」とメディア空間

項をあらためる。

国の内外を問わず、いわゆる実力政治家やその部署の担当者（報道官とか、スポークスマンとか、

○○補佐官とか、官房長官とか、報道(情報)担当者等々)が、定期・不定期に行ういわゆる「記者会見」。あの全体の印象・雰囲気は、ぼくが個人的にイメージしているジャーナリズムとは、ひとつしっくりこない。モノモノしくて、ギョウギョウしくて、ソラゾラしくて、なにやら「政治の世界」とぼくらの日常生活を距てる障壁のようにみえることがあるからでもある。

まず、国内のほう。記者クラブのかかえる問題性というのがある。当局とメディア各社の幹部の間にナレアイがあって、当局にとって都合の悪い質問を事前にチェックし、かつメディア各社間のヌケガケを抑制するための装置とみなされている。おそらく内規のようなものがあって、違反者は制裁されるのだろう。これが装置であることは、当局者にとって大変都合がよく、まさに彼らにとって必要不可欠な情報操作の場になっている。幹事社(者)があって、たとえば「その質問は予定されていませんから」といって、記者側の質問(おそらくは当局者に都合の悪い質問)を「自己規制」している。形式的には権力者側からの質問・発言の制限ということになってはいないから、「言論の自由」は侵犯されていない――ことになっている。記者会見のライブのテレビ放映で、時々、お目にかかれる。放映したテレビ局は制裁されるのだろうか。そういうハプニングとその自己規制という事実があることは、以前から指摘されていて、そこでうまく「ナレアッ」ておけば、時に「とっておきの話」「トクダネ」を提供されることもある。その代りある種の情報公開をおさえるよう依頼されるとことわれない――というのが、記者クラブ問題であろう。この文脈の上で、記者個人がすでに把握していて書けない記事があるという事態は十分に予想される。この一連の事態は、わが新聞ジャーナリズムの明治以来の「麗しき伝統」なのかもしれない。しかし「第四の権力」とされるジャーナリズム（民主主義は、三権の分立では十分に機能しえない。権力は分散されているほうがいい。ただし数だけで成立する権力の恣意をどう抑制するかという問題はある）、あるいはいわゆるジャーナリズムの「良心」と、この「伝統」は抵触している。テレビの例の場面にある戸惑いを感ずるのは、そのせいだろう。[7]

あらかじめ提出されている質問、その質問を集め取捨選択し質問だけをする幹事社、質問に対するすでに書かれている回答を棒読みする官房長官その他、順番まで決められている質問、安心しきっている当事者等々を眺めていると、これは具体的な政治のプロセスの進行を媒介しているだけ、それ自体には本来の意味をもたない「触媒」とみなさざるをえないと思う。それでも時々、都合の悪い質問に対して怒りをあらわにして会見担当者が、質問者を恫喝する場面などがあったりする。これは、ナレアイをカモフラージュするためのあらかじめ仕組まれたパフォーマンスか、それとも「今後、お前の社には情報を提供しないぞ」というオドシか。こういうパフォーマンスもしくはオドシが許容されているわけだから、まさに「触媒」＝メディアといわざるをえない。

記者会見の場が、仮に、政治権力と第四の権力のギリギリ対決するところであるとすれば、その後の「政治の世界」を大きく左右するようなことがらや発言が、何回に一回ぐらいの割合で出現して当然である。しかし、実際はすべてが事後的であって、たとえば汚職事件の発覚後に「弁解・いわけ・謝罪の場」として利用されてもいる。つまり、記者会見は、ことの進行を促し、当局者が次の段階へ移る行為を弁証し、新聞一、二面の政治記事の枠組みを提供する儀式である。記者クラブはこの儀式を「司《つかさど》り」、儀式のシナリオを書き、逸脱を防止する装置とみていい。本来のジャーナリズムの原理には明らかに抵触しているけれど、たとえば、ぼくらの国の、是非はともかくとしての、政治過程の中で果たしている役割は決して小さくない。結論的にいうと、記者会見は、ジャーナリズムという働きに部分的には関与しているけれど、その本体というか、装置の大部分は、日本型政治過程の中に完全に組み込まれている。かくしてこれも、「政治の世界」の中のもうひとつのメディア空間なのである。会見の当事者も、いわゆるメディア関係者（報道記者、放送ディレクター、カメラマン等々）も、政治が「過程している」ことを、ここで実証し「実感」する。会見の成果・結果は、常に二義的であるけれど、当事者にしてみれば、翌日予想した紙面構成・記事内容があれば、ほぼ目的は達成されたことになる。もちろん、メディア側も、ニュース番組の一コーナーが整い、政治面の体裁が出来上れば、まずはメデタシ。その際、実際の政治的意味・意義・効果は、右に書いたように、二義的であって、実害さえなければいいのだ。

「記者会見」とは、そういう儀式であり、メディア空間である。政治が、部分的にでもまつりごとであり続けるかぎり、この儀式、このメディア空間は不可欠である。「記者会見」を否定したら、あるいは当局者が会見を拒否したら、メディアのみならず、それこそ各方面からの「反民主的」という批判が集中する。しかし、このことは、記者会見が、本当に、民主的であること、民主政治において不可欠な機能（システム）であること、あるいは記者会見が実質的に民主政治を保証していること、を意味していない。今まで書いてきたことからも明らかなように、形式的にはともかく、これに参加している当事者・当局者、メディア関係者、それに相当数いるであろう中継をみているオーディエンス（つまり当の国民の一部）の誰もが、会見が民主政治と密接に連結し、不可欠の機能を果しているとは、信じていないからである。記号論的にいえば、もしくは記号論のロジックをいささか「活用」していえば、誰しもが「実質」を信じていない分、約束（コード）を信じている（？）。政治の「実質」にほとんど関係ないが、政治的儀式には不可欠な「シーン」という「理解」が共有されている。もちろん、めぐりめぐってというか、非常に間接的にではあるが、政治の「実質」の働きに関与している。たとえば、このプロセスを無事にこなしたことが、たとえば閣議での意思決定のひとつの前提的条件になる、といった形で。

この「儀式」の場が、名実ともにメディア空間であること、いやメディア空間的要因以外の要因が、タテマエとしては皆無であることは、以上の説明からも明らかである。「人々が主人公の民主政治」「世論による政治」「第四の権力としてのジャーナリズムの成立」「各種圧力団体の作用」「省庁間の利害・思惑・権益・対立」といった諸条件を前提にすると、「記者会見」という「儀式」は必然である。政府・当局側の広報・報道担当者、狭義の各メディアの代表者・質問者・記者にとっては、ここで交わされる情報の大半は、すでに実質的には「公表」されているものである。その意味で、この儀式は模擬なのだ。模擬であることは、この「儀式空間」のメディア空間性をさらに高める。もちろん、一般のオーディエンスにとっては、未知の情報がいくらかはあるだろうが、ちょっと注意して新聞の政治欄をみていれば、未知の部分は大変に些少であるはずだ。が、いうまでもないが、この記者会見番組のオーディエンスの数は、むしろ少ないし、その新聞記事の閲読者はもっと少ない。かくして、記者会見とは、政治という多分に「記号過程」であるもの、その記号過程の一端を構成しているにすぎない――「ここでひとつ、会見しておいたほうが、先々、トラブルが少なくてすむのでは」といったところだろう。

外国の場合も、大同小異だろう、とぼくはひそかに思っている。たしかに、外国、とりわけ英国・米国では、ジャーナリズムが権力として権威として、あるいは社会力 social force として認められていて、ジャーナリズムからの問いかけには、ぼくらの国よりかは真摯に応じているようにみえる。行政府と立法府だけでは、民主政治が機能障害におちいることを知っているからだろう[8]。ジャーナリズムは機能化の一端を担う不可欠の「力」なのだ。しかし、他方、これらの国々は、戦略・策略・操作・陰謀を、政治という働きに有機的に組み込んでいる。記者会見がその戦略のひとつであって不思議でない。ぼくは、たとえば、アメリカの大統領や報道担当者の会見のシーンをみるたび、あらかじめ書かれているシナリオを、一定の効果を狙ったことばの操作を、全体を支えているある種の「下心」を感じる。どうやら、そのことを、会見するメディアの代表者・担当者も了解済みで、時には両者のなれあいを、時には国益を守るという点での両者の暗黙の合意を、感ずることもある。したがって、大同なのであって小異のほうはさして意味がない？　小異があるとすると。外国の場合も儀式性は顕著であって、全体としては「ことばの世界」である。が、儀式の合成ベクトルが、国益もしくはより多くの人々の利益のほうをどちらかというと向いているのに対して、ぼくらの国の場合、その時点での政治権力の維持、各種組織の権益の保護、時にはジャーナリスト個人の地位の保持が目的である点で、小異である。いや、これは必ずしも小異とはいえないかもしれないが。

大同小異なのかもしれないし、決して小異とはいえないかもしれない。会見に出席しているジャーナリストたちの追求は、たとえば日本でやったら、その社や局は、以後、記者クラブへのお出入り禁止、政府担当者から情報提供で「意地悪」されても文句もいえない、という種類のものである。ある意味で、当局や政党関係者の痛いところを衝く。しかし、また、当局がその種の質問を十分に予測していると思われるフシがある。あらかじめ通告されていたか、以心伝心というか、長年の経験というか、「いいたいこと、訊きたいことは、あらかじめ承知している」らしい。それかあらぬか、間髪を入れず、「明解」な回答が帰ってくる。用意してあったか、答弁する担当者の反応と回転のよさのおかげか。したがって、ぼくは、実に巧妙に演出された「ホントラシサ」を感じてしまう。ワザとらしさをミジンを感じさせないワザとらしさ。ぼくは湾岸戦争の時の、軍事当局者と記者たちの会見にそれを感じた。感じた人はぼく以外にもいた。巧妙な答弁、見事に構成されたストーリー、巧みなパフォーマンス――をみて、ぼくは、「当局者たちは、「ベトナム」に学んだな」と思った。他方、周到にかくされているワザとらしさを、多くのその道の「プロ」たちは、「巧妙かつ厳しい報道管制」とみた。記者会見は「真実を明るみに」とか、「人々の知る権利」とか、そういった文脈からは、まったく逸脱しているとみなされたのである。しかし、あの記者会見で語られたことどもと、現実に湾岸戦争に関して生起した軍事・政治・経済・社会諸事象の間に、どれほどのへだたりがあったか、こそが問題であろう。ぼくのみるところ、当局者に「真実を語らねば」という民主政治の倫理に忠実な意識がどの程度あったか、は大変に疑わしいけれど、彼らが許容範囲と観念し語ったことがらと事実とのへだたりは、どうやらたいしてなかった。結果として彼らは、多くの真実を語っていた。その証拠に、あれから一〇年「湾岸では、実は……」という話が、たとえば「ベトナム」に比べれば、異様に少ない。「湾岸戦争はなかった」というレトリックが成立する所以である。だから、報道は「管制」されていたけれど（戦争だから当り前だ）、事実にかかわるおおよそは語られていた、ということになるのだろうか。どうやら「報道は管制されている」ということば自体が、このメディア空間の儀式性を語っていたのではないか。政治は、どこまでいってもまつりごとであり、まつりごとにはメディアと、その、ほとんどオートマティックな働きが不可欠のようである。まつりごと＝儀式は、演技性とも換言できる。したがって、彼我、大同小異ではあるのだろうが、演技性の演技度、もしくは演技の巧拙の違いはあるようだ。このテのお芝居は、「はじめにことばありき」の伝統をもつ民族にかなわない。彼らは、政治のまつりごと性を最大限駆使して、社会・国家のコントロールを行い、それを「民主的」と規定する。「民主的」が民主でないことは、人民民主主義の崩壊過程が、はからずも明示してくれた。自由主義的民主主義もさほど違わないだろう。ぼくがいいたいのは、これら一連の儀式で、人＝当事者とともに、メディアが主要な役割を演じている、あるいは巧みに利用されていること、したがって内外を問わず、「記者会見」は、政治過程を形成する重要なメディア空間である、ということなのだ。「記者会見」を起点にして、ある政治過程が動き出す。会見に中身があったかどうかとは必ずしも関係なく。

主な閣僚や、その時々のキーパースンが、国会・官邸周辺にいる時や、遊説中の航空機内や、遊説先のホテルのロビーや、で必ずといっていいほど、記者連中に取り囲まれ、質問を浴びせられている。習慣的現象だ。公務を離れた時、いかなる要人でも、外国ではこうはならないのではないか。がこっちでは習慣化している。記者にしてみれば、「会見」では聞けない情報の入手の可能性もあるし、当事者にしてみれば、「会見」では発言できないが、ジャーナリズムの反応をたしかめたい情報もある。かくして両者の利害は「一致」し、真意が二重・三重にラップされた情報が、両者の間をさりげなく往復する。この時、情報の真の核心に関して直観力・洞察力があるかどうか、ある情報に対するジャーナリズム（＝背後にいる国民・民衆）の反応を読みきれるかどうか、がこの「歩行中の取材」の勘所だ。ここにあるのは、「みえているもの」はことばだけであり、そのことばに付与したり解読したりする、あるいは意味を顕在化・普遍化することはない。まったく不可視なのだが、必ずそこにあるコードである。具体的な政治過程の「実際」とどういう対応関係をもつのか、決して明らかにはならないが、しかしなんらかの影響を必ず与えている、これもまたもうひとつのメディア空間である。

こうして情報を集め、取材者が独自にもっている知識・情報をからめ、「政治の世界」に通じているベテランジャーナリスト（デスク）の認識・思考を加味した上で、各局で少しずつ違った政治報道番組が制作・編成され、各紙も主旨と構成を少しずつ異なる政治欄を作成する。通説は、各局ともそっくりの番組、似たような政治欄で個性に乏しいこと夥しい、ということになっている。が、一般の生活者にはそんなことをしている暇もないし趣味もないだろうが、克明に比較してみると、まず各局・各社の情報量・質が同一ということはない、大小はともかく、個々の政治的事実・事象や担当者・当事者の発言に対する広い意味の評価が違う。扱いかた（大小）、あてている記事・情報量、ことがらの価値判断が違い、重視と無視の両方がある。たとえば、「天下の大新聞」の間で、ある事実の判断がこれほど違っていいのか（一方はまったく無視している）、と思うことすらある。マスコミの無個性・画一性を非難する評者の怠慢じゃないか、いや無個性・画一は評者のほうじゃないか、と思いたくなるほどだ。

ここにもまた、もうひとつの「政治的メディア空間」がある。メディアの意味を狭くとれば、これこそメディア空間である。もちろん、報道番組であり、政治欄であるわけだから、オーディエンスの数は限られている。しかし、ＮＨＫ夜七時のニュースの視聴率は、一〇％を超えることがある（一千万人以上）し、これに触発されて政治欄を読む読者もいることだろう。オーディエンス＝読者はいる。その彼らが、特定の政治的イッシューに関して、通常よりヨリ強く濃密な政治的見解をもち、かつそれを表現しようと思う時もあるだろう。たとえばこの国の戦後、何回かあった「政治的過程の街頭化」（しばしば暴力化）は、こうした人々の意欲の現われとみるべきだろう。めったに起ることではないが、このメディア空間には、そういう「力」がある。もちろん、それだけ重大な政治事象が起こったのであるという説明もあるだろう。しかし、街頭化は、政治事象の客観的な意味の軽重とは、正確には相関していないはずである。そこにメディア空間の働きという要因を挿入して説明せざるをえない、政治に固有の、メディア空間を含む構造がある、とせざるをえない。

こうした、何年に一回程度しか発生しない事例も重要でないわけではないが、番組・記事の構成・内容が、政治と政府をつくる構造、構造の主要各所にいる人々の意識に、直接・間接にというか、因果性を一義的には説明できないというか、影響の態様・深度を明確化できないというか、そういうインパクトを不断に与え続けているという事実――そこにこのメディア空間の主要な役割がある。たとえばふたつの政治的判断が対立している場合（権力闘争だ）、ある記事とその内容が一方に決定的に有利に作用する、ということがありうる。あるいは、対立・抗争にあるものは、利用可能ならば、その権力闘争に番組・記事を使うのは、ごく自然なやりかたなのだから。その番組・記事に「政治的虚偽」「欺瞞」が含まれている可能性は零でない、いや結構高い。しかし、番組・記事によって成立したメディア空間は、虚偽・欺瞞に関係なく、利用価値があり「力」をもつ。荒唐無稽な「怪文書」でないかぎり、政治＝まつりごとでは、「ことば」は常に「力」をもっている。政治にとって、まつりごと、儀式、パフォーマンス、演技、劇場性、そしてメディア空間は、不可欠の要因なのだ。

5　選挙というメディア空間

「劇場国家」「政治の劇場化（演劇化）」だけで、現代の政治の核心が過不足なく説明されているといわざるをえない面があり、その上にことばを重ねることなど、屋上屋を架するに等しいともいえる。まして「政治の世界」を「メディア空間」としてみることなどにおいておや。しかし、現在、「権力」を第一要因とみなす政治思想・思考がある以上「劇場性」や「メディア性」は、しつこく強調しておく必要もありそうだ。

資源問題、エネルギー問題、環境問題、福祉に関しては、なんらかの社会的・全体的な意思決定が必要で、「権力」の作用力をことさらに強めなければならない。場合によっては「権力」の意思に反するものを強力に（暴力的に）排除せざるをえない。そういう種類の問題だと思うけれど、ぼくらは、その「権力」が大変にもろく崩壊した事例をいくつか知っている。[9] その際、「権力」に対抗した力、「権力」を無力化した「力」は、政治のパフォーマンス性・メディア性である。特にぼくらの国の場合、憲法九条の意味は大きい。他方、沖縄の基地問題、北方領土問題がいっこうに進展しないのは、九条の問題といってもいいし、相手国が強大な軍事力をもっているからでもある。つまり、こういう場合には、まさに「権力」がものをいう。したがってぼくは、「権力」をキーワードとする政治的思考を否定するつもりはないが、「権力」がそのままで通用しない政治状況が現にあること、「権力」が後退した分、「劇場性」「メディア性」が「力」を持ちつつあることを指摘したい。

この劇場性・パフォーマンス性・メディア性が、ついでに付け加えるとファッション性が最も顕著になるのが「選挙」である。テレビ報道・ニュースワイドのはしゃぎぶりとその視聴率が、典型的に、あるいは効果的に、それを物語っている。なにしろ、画面には、たとえば進行中の野球中継が挿入され、「当確」が出るたびに、「数字」が変わる。そのめまぐるしさ。もちろん、各党の選挙本部の状況と、当確者の「バンザイ」と、判で捺した「当選」のご挨拶と、その都度の解説者のコメントと。毎度おなじみとはいえ、いやそれだからこそ、テレビ局のはしゃぎぶりを含めて、これは「オマツリ」だ。「これが政治のプロなのだろうか」と疑わざるをえない故首相の次女の「当選場面」がまず放映される。「数字」をねらってのことだろうが、各局がいっせいにやってるから、その意図が実現しているとは思えない。それに、彼女の当選と、今回の選挙の本当の、歴史的・政治的意義との関係が深いとは、ぼくのようなシロウトにだって、思えない。テレビ各局は、この種の常識は先刻ご承知の上で、一時テレビジャーナリズムの基本を放棄し、「オマツリ」の片棒をかついだ。要するにこれは、政治的にはまったく意味のない、しかしミーハーオーディエンスの喜ぶ（とテレビ局が思っている）「絵」であり、したがって記号であり、メディアなのだ。そしてこの「意味零度」の記号に、政治的にはエアポケットのような一瞬のメディア空間に、人々は「感動」している。とにかく、投票所へ行くかと問われ「行く」と答えたが、実際には棄権した「人々」である。この「感動」はウソではないだろう。人が祭りに興じ、ささやかな「感動」を体験し、小さな「思い出」を残すように。

選挙が、政治性に乏しく、祭りに偏っている――その証拠はいくらもあるが、かつて革新党の党首が「山が動いた」と誇らしげに語った時も、その前後に「政治は動かなかった」。党首は錯覚を、いや個人的幻想を語っていたのか。新聞もテレビと一緒になって、故首相次女の当選を「ドラマティック」に記事にしておきながら、他方で無党派層の一部（一〇%程度）が投票所へ行ったことを強調し、政治の変革を主張する。なにやら、前後で変化がないと読んだからことさらに彼女の当選と変革を強弁しているようだった。しかし、彼らが「感動的」に語った「ドラマ」の主人公は、元首相の娘であり、所属もその党である。新聞が、政治的ジャーナリズムにみずからをアイデンティファイしているとすれば、このジャーナリズムは、完全に、精神分裂している。ぼくには、メディアが選挙をまったく「オマツリ」として扱うことに文句はない。もちろん、終始、政治的ジャーナリズムとして完全に役割に徹することをも支持する（そのためには、最低、あの少女（にしかみえない）の立候補に疑問を呈するぐらいはしなければなるまい）。しかし、テレビ・新聞は、いずれにも徹しなかった。このメディアの行動様式を論理的に説明するためには、劇場政治の中でも「選挙」が一番に「ドラマ」であること、その「ドラマ」は、今日のメディアを欠いて成立しえないこと（政治は現実という「場」でなく、ステージ上で演じられるのだから）、「ドラマ」成立の一端になった時、メディアはジャーナリズム機能を放棄し、そこに「まつりごとのメディア空間」を提示したことになる。選挙はこうして七〇%(?)ぐらいメディア空間そのものになる(おそらく、投票率の長期低落傾向はこのことに関係している。政治的無関心の問題ではない)。

「七〇%」と書いたのは、この都市化・情報化・メディア化の時代でも、地方にはまだ「ジバン」「カンバン」「カバン」の「力」が残っていて、地域型候補(五五年体制以来の保守・革新系候補)が強く、都市型候補(民主党に多い)は及ばない。都市型候補の得票率はほぼ、その地域の都市化と相関している。過疎地帯で都市型候補が当選するワケがない、七〇%の所以である。

もちろん、地域型候補の選挙も「オマツリ」である。一方で都市型を真似てファッショナブルにやっているが、他方には明治以来の「オマツリ選挙」の伝統が残っていて、選挙事務所は「タダ酒」「タダメシ」の場である。村祭といくらも距っていない。酒と料理に、少しでも欠けるところがあると、「支持者」の集まりが悪くなり、「危険」の兆候である。もちろん、ここでは、いわゆるマスコミは、当選時以外は歓迎されない。村祭にマスコミはいらない。終始、「祭の場」である。決して「政治の世界」そのものとは等しくない。候補者の政治理念や政策など、まったく関係ないからだ。「祭りの場」ということで、ここもまた別種の、そして純粋の「メディア空間」である。少なくとも、集まっている「支持者」は、ステージにのっていると思っている。劇場政治の「ドラマ」の端役ぐらいの気分には、させてもらえるのだから。このステージを支え構成しているのが、「ジバン」「カンバン」「カバン」である。これらの「力」の現在と将来にわたる「分配」が「ドラマ」を維持していること、これは「支持者」たちの暗黙の了解になっている。その了解を飲み込んだ上での、「ドラマ」であり、メディア空間であり、当選の瞬間、運がよければそのメディア空間が、マスコミというメディア空間と、一瞬、結合しそこに登場する。「ウチの先生が、テレビに映っとった！」ということになる。人々が、選挙を無意識ではあろうが、メディア空間とみなしている、最も有力な証拠のひとつである。テレビ・新聞が、二六歳の少女を「絵」にして当然か。

この、選挙（政治）の劇場性、ファッション性、パフォーマンス性、メディア空間性を、極めて意図的に利用するようになって「イメージ選挙」が成立する。七〇年代のことだ。「イメージソング」「イメージＣＭ」「イメージ商品」と一緒だった。有力な支持組織・団体や、「ジバン」「カンバン」「カバン」のない候補が、メディアの話題化（劇場への登場）を求めて、小ぎれいなブレザー・白手袋、ミニスカートの宣伝嬢、人目をひくパフォーマンスを用意した。その成功率は予想以上に高かった。となれば、テレビの常連出演者の中から候補者が出て来て不思議でない。特に参議院では、員数を揃えるために、特に政権党がテレビタレント・人気タレント・スポーツ選手等、テレビでの露出の多いものを候補者とした。政治という専門職、結果責任まで負うべき政治のプロフェッショナル、政治の倫理性（「権力」は腐敗するのだ）等々は、ますますもってことばだけとなった。なにしろ、派生した「祭」などではなく、最初から意図的に「祭」なのだから、「政治の倫理性・道徳性」など最初から問題ではない。反倫理・反道徳の大半は、闇の中なのだろうが、時々一部が露呈する。それは、いうならば「宴のあとの醜悪」、「祭」の一部なのかもしれない。「セクハラで辞職を余儀なくされた知事」にかかわる一連の事態は、すべてが「狂宴」であったことを物語っている。彼は、芸能界と政界の境界を往復してしまったのだが、実は、まつりごととは、この越境が起こりうることを意味している。もちろん、彼が越境してしまったことと、彼の政治的能力・実績とは、関係ない。少なくとも「都市博」をやめただけの知事よりかは、政治的仕事をしたのではないか。

「選挙」は、「政治的メディア空間」としては、非常に可視的で規模も大きく、いわゆるマスメディアも積極的に協力する。それに、幸か不幸か、明治以来の「オマツリ選挙」というステージも残っているし、他方にイメージ選挙もあり、メディア空間も多元的・多層的である。この多様な空間が、投票当日、選挙結果が出るまで、主としてテレビがつくるメディア空間に統合される。選挙期間中、別々の空間に属していた人々が、このメディア空間に入ってくる。各局の視聴率の合算は、時間によっては一〇〇%に近くなるのではなかろうか。それも不思議ではない。政治とはメディア依存的であり、「政治の世界」はすぐれてメディア空間なのだから。

これは、どうやら洋の東西、民主／独裁の違いにあまりかかわりがないようだ。ぼくなどは、アメリカ大統領選の「オマツリ」ぶりをみていると、「よくもまあ、ここまで熱中できるものだ、ノレルものだ」と感心する。いわゆる祭にあれだけ夢中になるわけだから、勝／負のかかった祭ともなると、眼の色が変って当然なのかもしれない。そして、祭的要素のほうが勝っているわけだから、一連の儀式＝行事を構成している個々の要因が、すべて重要な政治的意義をもっている、なんてこともありえない。いわゆる予備選挙の行事など、どんな意味があるんだろ？　しかもあの投票システム。国民の総意で大統領を選ぶ――ことになっているらしいのだが、選挙人の構成は、民意を正確に反映しているのだろうか。国民の総意を正確に知りたければ、直接選挙でいい。現在のデータ処理マシンを使えば、投票後、数時間もあれば、結果は出る。しかし、現在のアメリカに、あのシステムを変更する意見・意思などまったくない、聞いたこともない。民意の反映とか、国民の総意とか、より民主的な手続きとその簡素化とか、これらは、あの「お祭り騒ぎ」の興奮と昂揚と恍惚と熱中をすべて奪うからなのだろう。大統領選とは、政治以上に祭り、なのだ。勝／敗の定かならぬゲームなのだ。その証拠になるか、事前の予想がはずれる（この場合は常に逆転だ）なんてことが、今までにも何回かあり、大変に異色の人物が大統領になったりする。「お祭り騒ぎ」が、「瓢箪から駒」を出しているということか。にも拘らずというか、要するに政治的に意味のあることばかりではないにもかかわらず、その時々の、結果として選出された大統領が「ダメ」だった、ということにはなっていない。厖大な政党・官僚機構、とりわけホワイトハウスを固める優れたブレーンに囲まれているからか。つまり、あの「お祭り騒ぎ」を政治的に補完する仕組みがある、ともいえる。だから、選挙のほうは「お祭り騒ぎ」しておいて、「祭り好き」の人々の「ご要望」に最大限応えている。政治的意味が稀薄であるという点で、選挙は彼我、たいした相違はない。アメリカの民主主義を神話化し理想化する言説がないわけではないが（自称アメリカ通）、政治というものの本質にさしたる違いはない、手法に若干の巧拙があり、ある種の固定観念からの自由度に差がある程度である。政治をどの程度「オマツリ」化して愉しむか。たしかにそのスタイルは違うけれど、度合に違いはない。予備選などの昂揚をみているとこの空間にあらわれているのは、まさにことばとしるしと象徴と記号、ただそれだけという感じだ。いずれも「メディア」と総称される。だからあの空間はメディア空間である。それをマスメディアが報道の対象とする。ぼくらがみているのは、メディア空間によって作られる「メディア空間」である。空間を構成しているもの、たとえば会衆のひとりの少女が着用しているTシャツの候補名にどんな政治的意味があるというのか。しかし、こうしたパフォーマンスの結果、その結果から本当の政治が始まる、ということらしい。それで問題なしか。

さまざまな「お祭り騒ぎ」をみていて、やはり、その深層の部分に、ある「力」が潜んでいる、ある「力」が作用している、その「力」によって「お祭り空間」がある歪みをうけている、と感ずることがある。たとえば、街頭の宣伝車の上のある党首の演説のはしばしに、選挙期間の候補者の発言の微妙な変化に、選挙期間中の記者会見の党首・幹部の発言の裏側に、予備選の際の対立候補の発言の微妙に。その「力」は、いわゆる「政治権力」というものに含まれるものであるのだろう。それが「政治の世界」に底流しているのは事実だろう。しかし、論者がいう程に「決定力」をもっているものだろうか。シロウトのぼくの観察にすぎないが、この底流するある「力」には、必ず対抗するもうひとつの「力」が存在していて、しばしば両者が相殺作用を起こす。そういうメカニズムが、七〇年以後、形成され始めたのではないか。その結果であろう、強大・強国の一枚岩を誇ったソビエト体制が崩壊したのは。かくして、ひとつの「力」が独走し支配を続けることはなくなった。次の政治形態を決めるのは、その「力」の顕現ではなく、ある時点の「政治の世界」の中のメディア空間の態様である。少なくともクリントン氏は、その空間＝ステージの魅力ある主役であったが故に大統領になった。彼の演技力と政治的能力は、直接には相関していない。彼がスキャンダルにまみれながら、無事任期を終わらせたのは、いくつかの「力」が均衡していたから、としか思えないし、彼を大統領にしたメディア空間は、つまるところは彼を許していたのである。

選挙には、いや政治一般にといったほうがいいのかもしれないが、内外を問わず、ある種のヴェールがかけられている。集団・組織間の赤裸々で即物的な利害対立、よりよい政治的ポジションを得るための個人間・集団間の闘争（権力闘争の主要な部分か）、現実的な意義をもつ諸政策の間の実効性についての計量的理性による合理的判断、政策の基盤にあるとされる政治的理念・ヴィジョンの間の、あるいは政治的正義の間の論理的対立・闘争、こうした諸力が顕在化し明示された上で、選挙が、あるいは政治的闘争が実行される——というふうには、どうやらなっていない。スキャンダル、個人的エピソード、誇張して表現される政治家の個性等々の「非政治的イメージ」が、「政治の世界」に、「劇場」に、密度濃く漂っている。つまりはそれが「政治的メディア空間」なのだが、この「濃霧」のせいで右にあげた「政治的な諸力の相互作用」がおおいかくされている——ようにみえる。メディア空間は、「政治」を「非政治化」するように働いている、かにみえる。もちろん、潜在化している「政治的諸力」と、顕在化している「非政治的イメージ」の全体が、実は政治なのだ、政治とはそういうものなのだ、という「プロ」たちの声が聞こえる。そうなのかもしれないな。

しかしまた、ひるがえって考えてみると、人間は、政治とは赤裸々な力の対決、「政治の世界」で作用しているのはそれだけ、ということに耐えきれなかった。すでに書いた「パフォーマンス」「劇場性」「劇場国家」「イメージ選挙」といったキイワードは、いや政治の非政治化は、もしくは政治の演劇化は、その耐えがたさに由来しているのかもしれない。さまざまな政治集団（革命的・暴力的・テロ的組織を含む）や政治家たちの内幕や日常性などが、しばりがとけて公開されたりすると、民族や国家の運命にかかわるギリギリの意思・政策決定の場や、その前後において、彼らがいかに政治というドラマを「創作し」「演出し」ていたか、がわかる。その結果である「運命」にモロにさらされた民衆・個人にしてみればたまったものではない。実際、戦争（政治の最も劇的表現？）ともなると、「劇作家」と「演出者」は完全な安全地帯にいて、生命の危機にさらされているのは、「演技者」と「観客」である。まったくもって理不尽な話である。学生の頃、ある革命家の回顧録を読んでいて、権力に対する武装蜂起の密議をこらしている革命派の幹部の顔に、等しく悦楽・恍惚の表情があった、という主旨の記述に出会って衝撃を受けた記憶がある。たよりない話で恐縮なのだが、著者と書名が思い出せない。しかしその本はたしかに実在したし、その記述もたしかである。密議の場にあったのは、現実の武力行使などではなく、ことば、記号、信号、符牒、ある種の映像のみであったろう。総称すればメディア、そのメディアを使っての広義のシミュレーションをやっていた。シミュレーションが実行に移行した状態＝現実をどこまでイメージしていたか、ぼくは懐疑的である。彼らがエクスタシイを感じていたのは、シミュレーションそのものにであった。今時の少年たちが、シミュレーションゲームに夢中になるのと、ぼくは両者の間に隔りをみない。いずれも現実から乖離した、もしくは隔離された密室、いやメディア空間の中にいる。メディア空間であるからこそ、シミュレーションが可能なのだ。大昔、狩の時代、獲物をとらえるべく行っていたシミュレーションと本質的に変わらない。どうやら、この種のシミュレーションは、人をして興奮させてやまないものらしい。このメディア空間での事態は、今日の「民主政治」においても変わらず存在している。多くの重大な決定、あるいは事実上の決定は、革命家の密議とよく似た密室で、ごく少数の表裏の「実力者」の広い意味のシミュレーションの結果である。彼らは、快い緊張につつまれていただろうし、ある種の快楽を感じていたことは、まずたしかだろう。その場は、重ねていうように、文字通りのメディア空間だった。そこですべてが決定し、それが表側に立ち現れて、たとえば国会の委員会で審議に付される。真正の「民主政治」ならば、そこが決定の場のはずであるが、委員会は、決定のアクセサリーであり、決定内容を装飾するための、形式的というか、お祭り的というか、あるいはパフォーマンスのためのというか、そういう補助的・補完的メディア空間にすぎない。が、この、形式でしかないメディア空間が必要でないといってるのではない。決定が実行され、それによって現実にあるべき変容をもたらす、そのためには不可欠の過程であり、手続きであり、あるいはまつりごとは、その「空間」に由来するのだ。政治が、数千年来、この裏(実質的)のメディア空間と、表側(形式的)のメディア空間の相補的な作用によって、初めて可能であるという事情は変わっていない。

　政治のこれからを考えた時、やはり最大の問題は、より民主的を自任する先進諸国における投票率の低下だ、とぼくは思う。ぼくらの国の場合、地方の首長（県知事、市長等）選挙や、参院補欠選挙だと、うっかりすると投票率二〇%以下なんてことも起こりかねない。何人かが立候補して相対多数の支持を得たものが当選するわけだが、その得票数は地域の有権者の何%か。場合によっては、一〇%を割るだろう。「支持されている」とは、そういうことか。この傾向が国政選挙に及ぼうとしている。にもかかわらず、選挙前後の政治番組、トーク番組、選挙速報番組の視聴率の異常な高さ、番組内や世論調査での投票率の、これまた異常な高さ。現実の投票率とメディア空間（調査を含む）の投票率の激しい落差――問題の核心はその辺にありそうである。何回も書いたことだけれど、本格的な理論的検討を期待したい。

6　独特のメディア空間

「e・コマース」という「商品」の宣伝広告をご記憶のことと思う。とにかく、某梅酒メーカーのCMと露出回数はいい勝負ではなかろうか。細かいことはともかく、これは、インタネットを使った取引のことである。商品交換・売買には、両当事者の間の意図・意思・思惑その他の情報が道連れである。より正確に、より厳密にいうと、情報交換の後に、商品の売買・交換が実現する。情報交換は、原則として、どういう方法でやればいいか決められているわけではない。が、いずれにしろ、情報交換はなんらかの「メディア」を利用する。メディアなしの情報交換はありえない。インタネットもメディアなのだから、商品交換・売買には利用可能である。思えば、広告も売買実現のためのメディアであり、情報の過程であった。インタネットは、より包括的なメディアだから、交換当事者間のコミュニケーションにも、広告のメディアとしても、利用可能である。現にe・コマースのCMは、広告の機能とともに、売買実現のための方法としても利用可能だ、といっている。

情報交換の形、したがってまた商品交換のスタイルは、使用されるメディアの特性と相関している。インタネットは、よくいわれるように、ヴァーチャルなメディア空間である。前の著書でもふれたように、この世のどこに存在するか、特定できないメディアであり、情報交換の相手を定在する人格としてギリギリのところアイデンティファイできないメディアである。これまで、すべての商取引のいずれかのステップで両当事者の直接的な人格の接触があった。これに対して、インタネット取引の場合、人格的接触を不可欠とはしていない。インタネット取引には、さまざまなメリットがあるといわれていて、たしかにこれまでよりヨリ自由な取引、ヨリ広範な取引、個別的で多量の取引のやりにくさの緩和等が可能になる。しかし、この特性の悪用もまた、大変に容易である。現に、一方にハッカーによるプログラムの破壊があり、他方に毒物の売買があり、犯罪事件その他でのプライバシー保護は事実上破綻している。のみならずネット上の契約を反古にし利益のみを獲得することも簡単にできる。インタネットの利用全体に、その逸脱使用を制約する法の網を、どうかぶせるのか、が議論されていて、結論が出ていない。ヴァーチャル・スペースにいるハッカー・逸脱者をどう特定し捕捉するのか、それは現実的な問題として可能か、捕捉した場合、どういう制裁を課すか、民主主義論者の主張する思想・信条・表現の自由とこの制裁はどう折り合わせるのか、といった問題が山積しているはずである。結論は、そう簡単には出ないはずである。結論が出ないまま、犠牲者は着実に出現し増加している。民主主義者は規制に消極的らしい。彼らの主は民なのか、それともイデオロギーなのか[10]。

がともあれ、e・コマースに典型的なように、ニューメディア・マルチメディア・インタネット等の只今「革命中」のメディアの、「経済の世界」への適用は可能で、問題はあるにしても、メリットは大きいし、商品交換の態様そのものが質的に変化する可能性を秘めている。市場の構造も、金融の仕組みも、「自由経済」という枠組みは維持されるにしても、大幅に変貌するはずである。もちろん、ニューメディアの利用が本格化し、支配的になるのが条件だけれど。とりあえずの結論をいうと、只今進行中のコミュニケーション（メディア）革命と「経済の世界」とは親和的である。

では「政治の世界」の場合はどうか。軍事を含む行政機構が、主として情報の蒐集・交換・蓄積、さらには理論的なシミュレーションや予測や判断のために使用しているのは事実である。つまり、行政を含む「政治の世界」の中にインタネットは「侵入」している、まあ正確にはインタネットの利用がもう常態になっている。「パソコンを前にした政治家」という絵柄が恰好よさという評価を伴ってすでにテレビに登場しているぐらいなのだ。事務的な利用度は、「経済の世界」とさして差がないだろう。大型コンピュータを利用した経済の状況予測が、定期に「景況予測」として公表され、それが一定の政治的意味をもっている。インタネットを増幅装置とした世界的規模の経済状況のありようが、一国の政治支配に甚大な影響を与えてもいる。つまり、ヴァーチャルな空間とメディアの働きが、ある政治的な意味・意義をもっていることは、否定できない。

その上で、政治におけるインタネット（マルチメディアでも、ニューメディアでもいい）の利用が、今ぼくらの社会にある政治の手法・作法・しきたりを変えるだろうか。この一〇年・二〇年の間に、インタネットは社会的に遍在し、その利用は日常的になったにしても、「政治」が変わる、とはぼくには思えない（変わるとしたら、五〇年、百年後ではなかろうか。そしてその変化とは、民主主義に替わる新しい政治手法の登場だ、とぼくは考えている）。そして政治手法の変貌はインタネットの利用を原因とするのかどうか疑わしい。

「変わる」ということは、政治における「まつりごと性」とか、「パフォーマンス性」とか、「演技性」とか、「劇場性」とかが著しく変質すること、あるいは多数決が唯一意思決定の正当な手段とはされなくなること、議員は今日のような形態の選挙で選ばれるとは限らないこと（投票率の低下は、将来のこのテの事態を暗示してないか）、今日の政党が唯一の政治集団ではなくなること等々である、とぼくは考えている。もちろん、五〇年・百年後に、こうした事態になる可能性は十分にあるとみている。しかし、インタネットの利用が、主たる要因でこうした事態になる、とは思えない。抽象的にいうと、現在ある政治的意界決定の手法・スタイルが、インタネットの利用で決定的に変わるなどということは、すぐには起こらない、ということだ。もうちょっと具体的にいうと、たとえば国会の委員会審議が、議事堂のあの空間から、インタネット（メディア）空間に移転して、その内部で行われる、というようなことがただちに起こる（起こったらオモシロイとは思うが）とは、到底思えない。あるいは、世論調査[11]という文脈上で、民意をインタネットを使って確かめる、ということはありうるだろうけれど、それがすぐさま政治的意思決定に直結させられるというようなことにはなるまい、と思う。

要するに、政治過程において、パソコンやインタネットやマルチメディアの利用は着実に増加する。それらのつくるメディア空間の規模と質は「進化」する。戦争時の作戦立案・シミュレーションは、精緻かつ正確になる。その意味で、コミュニケーション革命と「政治の世界」の親和性は高い。しかし、「経済の世界」での予測が正確になってそれが政治に反映するのと、行政の文脈での予測の妥当性（高福祉・少子化・高齢化→増税→間接税の税率を上げる――は極めて論理的かつ現実的な推論の過程であり、現実にもこの方法しか事態を収拾する方法はない）が、直ちに、政治的意思決定に反映されるわけではない、という意味では、「経済の世界」（経済政策の文脈とは一応は区別される）ほどに、「政治の世界」は親和的ではない、ということである。これは、政治の場合、可視的な要因は、間接的にしか実際の政治を支配し規定していない、ということと関係がある。早い話が、各党の公約を集めて、その有機的統合を試み、そこにひとつのヴィジョンを「完成」してみても、それが「政治の世界」の未来を決する――なんてことは絶対にありえない、ということだ。したがって、パソコンの利用、あるいはコンピュータの高度利用（経企庁の経済予測は、大型高速コンピュータの使用を前提にしている、ようだ）、インタネットの利用、情報技術の先端の活用等々が、今現在のこの国の政治の作法を変えるなどということはありえない。というわけで、たとえばパソコンの利用による政治の変貌は「経済の世界」に比べればずっと間接的で、利用から変貌までは、両者に因果関係を特定することなど、まったく実感を伴わない程度に、長期間を要する。たとえばパソコンの利用は、換言すれば、新しいメディア空間の導入・利用なのだが、その影響は政治の場合、さまざまな曲折を経てのことなのだ。そのうち何が主な要因かわからなくなる。

にもかかわらず、「政治の世界」に、多量のメディア空間が含まれていることも、また事実なのであり、しかもそのメディア空間内のことどもが政治を規定している。ところが、例によってということなのだが、そのメディア空間が、固定的で、しかも「政治の世界」の住人たちは、そのメディア空間の維持・保存に関しては、非常に保守的である。特に自民党ともなると、党内の新しい革新の動きは、常に「政権を欲しがる」若手の権力闘争の変形とみなされ挫折する[12]、という程度に保守的である。都市部では選挙の際などに、新しいメディア空間の利用をとり入れる（イメージ選挙の部分的応用）けれど、今回の選挙の自民党の都市部での惨敗に典型的なように、新しいメディア空間の利用（たとえば、メディアを使った無党派層への働きかけ等々）には消極的というか、今の自民党には不可能であろう。ということは、彼らが相対多数党でいるかぎり、政治の変貌には時間がかかる。政治は依然として、伝統的な「まつりごと」であることをやめない。

「政治の世界」のメディア空間の本書での記述は、すでに異常に長くなっている。ぼくのような政治学・政治理論の門外漢にも、書くべきことは、山のようにある。これは、そのぐらい「政治の世界」が極度にメディア空間的であることを物語っていると思う。

ひとつだけ例をあげておこう。これはすでに何回か指摘したことでもあるが、「政治の世界」とは、独特に「ことばの世界」である。しかも、その「ことば」の解釈コードは、一般社会から相当にずれているし、余程の辞書でない限り「その意味」は掲載されていない。たとえば、次のようになる。「調査して善処する」→「何もする気はない」、「只今、検討中」→「何もしてない、何もする気がない」「コメントする段階ではない」→「それについて発言する気はない」、「正式の情報は入っていない」→「知らない、知ろうとも思わない」、「只今、折衝中」→「何もしていない、する気がない」、「記憶にない」→「知ってるけどいう気はない」、「閣僚としての○○個人」→「公人と私人を都合によって使いわけるつもり」等々、まだこのほかにも独特で、オモシロイ「ことば」使用法があると思う。暗黙の了解が成立しているのだろうが、ここまでわかっていてもこうした「ことば」群が使用されると、野党側の「鋭い」追求も、しりきれトンボに終わる。部外者としては、何とも歯がゆいし、理解に苦しむところだ。しかし、そういうしきたりなのだ。独特のメディア＝ことば空間がそこにある、といわざるをえない。

このほかにも「根まわし」とか、「ガス抜き」とか、「チェックを入れる」とか、「サウンドしてみる」とかが、一定の役割を演じていて、しかも一定の効果が期待され、かつその効果が実現している。例えば、ある考え方に反対の意見をもつ。これは個人がプロの政治家として思考を重ねた上での結果と信じたい（そうでもないのか、反対は個人的感情？）。とすれば「ガス抜き」などという「手続き」で反対意見を撤回するなどということは、普通は信じられない。「ガス抜き」も一種のコミュニケーションの手法である（それとも、またしてもコネで片つけてるのか？）。おそらく、政治的なメディア世界の独特の方法なのだろう。この方法を使われてしまうと、反対意見も匆々に消える。あるいは固執する気がうせる。なんとも他愛ない話ではあるが、独特のメディア空間に働きかける独特のコミュニケーション技術がそこにあるにちがいない。したがって、このこともまた、そこにメディア空間が実在することを物語っているといえよう。

実は、こんな話をしているとキリがない。まあ、その程度に「政治の世界」は、「ドラマティック」「演劇的」だと思えばいい。このことは、とりもなおさず、そこもまたメディア空間であることを意味している。そこに独特の「メディア空間」が含まれていること、これをわかってもらえればいい。

註

（1）多くのマルクス主義者が、「科学的社会主義」なることばを使う。そのことばに対して是非をいうつもりはないが、科学的な原理に基づいて成立していた「共産主義国家（社会）」なんてものが、本当にあったんだろうか。共産主義諸国が最も隆盛を極めた時期、各国がそのマルクスのみならず、国家主席党書記長とか、党や政府のリーダーをいかに神格化したか、は記憶に新しいし、彼らの日常生活を後に公表された物語などでみると、彼らは決して共産主義者ではなかった。つまり、「神」だったんだろう。

（2）「徴兵」「徴税」「就学」等、場合によっては福祉・保健・医療等々に関して、政府は「力」を背景にして国家構成員＝人々に対し、ある行動を強制する。この場の「力」や「強制」の根拠になっているものは、多かれ少なかれ、超越的でなければならない。その超越性は、現在でも多くの国々で「神」に由来するとされているし、国民的合意や国家理性に依る場合も、対立する価値を許さないし、国民的合意や国家理性はその正当性に関して本当は証明不能である。つまり、この両者も、その超越性において「神」に限りなく近い。この超越性を否定・排除した政治形態は、現実に存在しないといって過言でない。いわゆる「民主国家」においても、である。

（3）「メディア空間」での投票率と現実の投票所での投票率の著しい距りについては前著で議論しているので、ここではくわしくはふれない。本来なら、このふたつの投票率の差について、政治学者は本格的な分析を試みるべきだと思う。「大衆デモクラシー」というパラダイムに含まれた「政治的無関心」では、この差の説明はできない。本文にも書いてあるように。

（4）「許認可行政」といわれることがらの一端である。庶民のささやかな願望である「一戸建」についても、役所がその気になればいくらでも意地悪ができる。提出されている申請書の順序をそれとなく入れ替えればいいのだ。下へ下へとまわされれば、いつまでたっても確認書は下りない。下りない理由《わけ》など、いくらでも作れる。逆に、ある「力」（たいがいは「議員」だ）を借りれば、書類を下から上へ移すことなど簡単。これに些少ながら利権がからむ。これが最小の「政治」かもしれない。

（5）施政方針演説のみならず、委員会の質疑応答でも、ほとんど眼線は下を向いている。原稿を読んでいるのだ。もし、首班としての政治的信念と今後の施策を真摯に語るとしたら、原稿などいらない。せいぜいメモ程度でいい。そして、少なくとも議場に、本当はその背後にいる国民に語りかける体のものでなければならない。原稿の棒読みでは、「今そこに政治がある」などとは誰も思えない。儀式があるばかりだ。ことばによる儀式、つまりは「メディア空間」、したがって棒読み役割は、まつりごとを進行させることであって、なんらかの政治的価値をもつものではない。

委員会の答弁にいたっては、もう正視に耐えない。原稿があるわけだから、あらかじめ質問は出されている。その出された質問に対して、おそらくは行政当局の担当者に書かせた、ソツのない、揚足のとりようのない、問題発言などには決してならない、「答案」が用意される。それを、意味もよく理解しないまま読むだけ——ではまさかないと思うが。「答案」があることは、対立する野党側の質問者も、質問をあらかじめ提出することに合意してるわけだ。かくして与野党は、「よき伝統」を守りながら、儀式化に協力している。委員会の中継をちょっと注意してみていると、あらかじめ書かれたシナリオに沿って進行しているのがわかる。儀式化に関して、与野党・全国会議員が共犯だ。みんなで力を合わせて、本来あるべき民主政治を儀式にしてしまっている。この儀式空間の別名が、「政治的メディア空間」。野党はよく「国会無視」とか「国民無視」と与党を非難するけど、ぼくは「いえたギリか」とも思う。

(6)「民主政治」は「近代」を前提にしている。個の尊重と全体の統合性を実現しようとすると、意外かもしれないが、たとえば「時間性」とでもいうべきものが、重要な意味をもってくる。端的にいって、「政治の世界」も「時間」という要因に制約される。この制約の中でことを処理するためには、儀式化は大変に有力な方法なのだ。実質的な政治的意思決定は「待合」かなにか、密室でやって、国会はその決定を追認するだけ。その分、国会は「メディア空間」化し、そこでなにごとが決定されたようにみえる。

(7) 前にも書いたと思うが、政治的意思決定の方法としての「民主主義」が、最もすぐれていて、唯一正しい、というのも、ひとつの仮説にすぎない、という程度の認識はもつべきではなかろうか。決定の方法としての「民主主義」にも欠陥があるということだ。ではどんな? 残念ながら、「民主主義」を超える方法を、人類はまだ発見していない、だけである。

(8) 三権の自立がほぼ保証された一九世紀、民主主義の先進諸国で、政治のディスファンクション、あるいは民主政治の挫折が枚挙にいとまないぐらい起こり、二〇世紀初頭には、それ故に民主主義を否定する独裁的な政体が、歴史的に有意に、続出する。この難題に対し、第四の権力としてのジャーナリズムの潜在的もしくは期待される可能性は大きいはずだった。しかし、現実には、二〇世紀前半、ジャーナリズム=マスコミは独裁体制の強化に役立ち、民主政治の空洞化を促す、という見方が支配的だった。

(9)　かつてのソ連は、史上最強の権力国家であった、とされていた。しかし、成立から崩壊まで七〇年。権力国家の寿命として七〇年はあまりに短い。現代という時代に、いかに権力だけで機能させる国家が成り立ちにくいか、を物語っているように思う。国家理性・理念の是非・善悪の問題ではない。

(10)　ぼくは、民主主義者に含むところがある。戦後五〇年の壮大な実験とその失敗の直接的な責任は、いわゆる民主主義・近代主義者、左翼にあると考えている。この人たちが、今日の深刻な状況をみて、みずからの責任を棚にあげて、顧みて他者の責任の追求に熱心なのが、ひとつ理解できない。民主主義・近代主義・左翼思想をその信条としているならば、いささかでも知的な領域にかかわっているはずである。知的であるとは、自己対象化とそれに基づく自己統合化の謂ではなかったか。

(11)　電話をききとりの手段にするようになって、世論調査の費用は極端に少額になったのと、パソコン・コンピュータの利用で集計・分析が、容易かつ迅速かつ正確になった(?)からか、新聞・テレビに公表される世論調査が急増している。何回もいうように、選挙の際の政治番組、番組内の世論調査、その結果である投票率の異常な高さ、対象的に現実の投票率の異常な低さは、世論調査なるものがいかなる情報を提出してくれるものか、つまり世論調査の「正体」は明らかにしてくれる。しかし、内閣や政党支持率、あるなんらかのイッシューに対する人々の考えの分布状況などについては、現実のそれに対してかなり忠実ではないか、とも思う。もちろん「電話によるインタビュー」が、ある程度のバイアスを生み出していることは否定できない。つまり、電話で集められたデータは、現実の正確な再現ではない。電話以外の方法によるデータも程度の問題であるかもしれない。もう一回、同じ調査をやればデータの数字は相当に動く……。

にもかかわらず、このデータの解析の方法は、複雑・精緻・巧妙を極めている。がぼくは、こうした高度の数量科学的な分析の結果が意味があるとは思えない。精緻であるだけに、データに少しの変動があっただけで結果が大幅に変わるのだから。いわゆる世論調査で信頼できるのは、単純集計どまりだと思っている。

こういう意見は、政治家というか、政治の世界にもあるらしく、内閣支持率が三〇％を割っても、平然と居すわっている。三分の一の人々からしか支持されていないのに、よくやってけるものだ。おそらく、世論調査や世論以来に、内閣・首相を支える別の「力」があるからだろう。

(12)　二〇〇〇年の衆院選の都市部での自民党の退潮は、前回から続いてのものであり、来年の参院選、次回の衆院選では、地方の中都市にも及びかねない（すでに中都市の投票率は大都市のそれに接近しつつある）。この事態に危機感をもった若手が、現首相にイメージアップの方法を作成し、首相の政治スタイルに注文をつけたが、相手にされなかったらしい（八月一六日読売朝刊）。のみならず、その「政治的野心」を勘ぐられたらしい。自民党の部分的崩壊がまた起こるのかもしれない。今度は前回のようにうまく行くかな？

Ⅱ　個人化するメディア空間

Ⅰ部でも間接にはふれたように、ある社会でなんらかの社会的・歴史的事件が起こると、社会全体がひとつの「メディア空間」に含まれてしまう、ひとつのメディア空間におおいつくされてしまう、そういうことが起こる。

たとえば、大規模な災害が起こった時など、テレビのチャンネルでも、その災害関係の中継を行っている。通常番組はすべて省略、いわゆる定時のニュースでも、他の相当大きな事件への言及を最少限にして、災害ニュースが大半を占める。ぼくはこれをハバーマス流に、「マスコミに支配管理される公共圏」とは考えない。このメディア空間が公共圏であることは認める。しかし、果して、「マスコミの支配・管理」などがあるのだろうか。たしかに、どのチャンネルをまわしても、「災害」かもしれない。けれど、こういう状況ですら、教育チャンネルは別の内容だし、BS1・2もそうだし、その他のCNの各チャンネルは、逆に別のソースがあふれている。こういう状況の下であえて地上波各チャンネルが「災害」なのは、やはり人々の関心・興味がここにあって、各局とも「災害」だけであることを知りながら、別のソースに切り替えようにも切り替えられない。一体、支配されているのは、どっちなのか。この際も「マスコミの支配・管理」というのが、哲学的・学問的・思想的に正しいのだろうか。これは、どう考えても、多くの人々を差別視するエリート的見解といわざるをえない。エリート的見解などは、本当はどうでもいい。この命題が現に起っている事実にどこまで忠実かつ誠実か、ということが問題なのである。ハバーマスの「公共圏論」には、多分にイデオロギー的で、現実乖離的なところがある。ともあれ、彼のいう「公共圏」のまたの名がメディア空間であると、ぼくは主張したい。彼、ハバーマスの認めるところではないだろうが。

社会がひとつのメディア空間となる、そういう状況がある。大事件の時、オリンピックの時、戦争の時、たとえばオイルショックの時、選挙の時等々。これは、今に限ったことではなく、大昔もそうだった、というところが、ある意味で、本書の第一部の核心であった。「狩の場」に成立するメディア空間は、そこにある部族社会の運命がかかっていて、その成否に構成員全員の関心が集まっていた、という意味でも社会的だった。以来、今日まで、この種の社会的メディア空間が、しばしば社会をおおいつくすということがあった、という推定は間違っていないと思う。したがって、極めて状況的なものであるにしても、ぼくは「社会的メディア空間」の存在は疑えない、と思っている。

一見、個人的、生活的にみえるメディア空間でも、社会的普遍性をもっているものが多々あり、その代表的なものを、I部ではまず取り上げ、後半では、まさに人間の社会的行動の集積である経済や政治行動といえる領域でのメディア空間を各種とりあげ、そのそれぞれの構成の諸特徴を描いた。「社会的メディア空間」として、ぼくがどのようなものをイメージしているかは、およそわかっていただけたと思う。

II部では、主として、メディア空間の個人性・私性をとりあげ、I部と同様、そのいくつかの典型を描いてみようと思う。

まず第一に、「社会的」と「個人的」と、両者の関係であるが、一面で、「社会的なメディア空間」とは「私的メディア空間」の社会的集積体という面をもっている。しかし、第一に私的メディア空間をどう集めてみても、終に社会的メディア空間にはならない、という面もある。オリンピックの際の世界的（社会的）メディア空間の構造と機制《メカニズム》は、個人のそれの集積ではなく、「個人的」とは別の次元に属しているとは、直観的にもわかることだ。それは、このメディア空間の機能的特性ひとつとっても明らかなことである。したがって、この両者は別個に論じなければならない。要するに、「社会的」と「個人的」の両者の関係は、社会学でいう「社会」と「個人」のつくるパラダイム的構造に等しい。

が、第二にコミュニケーション・メディア革命は、この個人的メディア空間を、多様化し、その独立性を強め、その実在化を強化した。つまり、ぼくらは、革命が提供してくれたさまざまなメディアを使って、ごく私的なメディア空間を、おのがじしの欲望・欲求・需要・願望に従って、個別に構成することが出来るようになったのだ。ここで再びハバーマスに対する反論をいうと、この個人的メディア空間の同質・同等の部分を集めて、社会的な集合体を作ったからといって、それは「公共圏」などではない、ということである。そして、同時、第一で指摘したように集めたものが直ちに、社会的メディア空間ではないこともたしかなのだ。

第三。にもかかわらず、というべきなのか、今日のあらゆる個人的・私的メディア空間が、なんらかの社会的メディア空間の内部で、喚言すればその空間内のメディアに依存することによって、成り立っていることもたしかなのだ。したがって、II部では、同一のメディア空間というエンティティを「個人」の側から眺めてみるという視点の移動・転換を試みることにもなる。もちろん、このエンティティは、「社会」の方からみたのと、「個人」の方からみたのを加算すれば、そのすべてをみたことになる、というものではない。が、二つの見方が相補的な関係にあることは、まず間違いない。

二つのメディア空間について、確実にいえることは、以上の三点である。残念ながら。「メディア空間論」の主要な主題のひとつは、このふたつの空間の構造・機能的連関の把握、連関の構造的分析、連関の理論的再構成である。ぼくの今の見通しだと、ひとつには、文化という領域でのメディア空間の存在形態の描写が、この主題に対する解答を与えてくれるはずだと思っている。もうひとつは、ヴァーチャル・スペースの説明・描写では、この主題に否でもふれざるをえないだろう、ということ。というわけで、どうやら、肝心の主題は、次の段階（著書）で取り上げることになる。大変申し訳ないが。

潜在化していた個人的メディア空間が顕在化したのは、そう古いことではない。本文にもあるように、ある見方からすれば（本書の見方だ）、顕在化したのは、五〇・六〇年代である。もちろん、昔からあったのだろうが（一個の人間のありようとして）、空間形成の条件を作ったのは「近代」であり、顕在化したのは「近代後期」たる二〇世紀後半ということだ。II部では、どう顕在化したか、典型的なものとしてどういうものがあるか、その内部構造は、といった課題で描写を試みる。間接的には、例の最大の主題にふれることになるだろう。その結果、解答の一端を書くことにもなるのだろう。では、始めることとしよう。

第1章　メディア空間の顕在化

I部で「経済」「政治」という人間の社会的行動領域の含むメディア空間の構造とその作用のありようを描いてみた。何回もいうように、このシリーズは試論であり、そのつもりでずっと書き続けている。政治・経済の動きをメディアという要因からみる、メディアの働きからの説明を試みる、ということは、おそらく、正統派の政治・経済学者のうべなうものではないだろう。政治・経済という世界は、メディアなどという要因とは別の、より基本的な要因・原理に基づいて構造化されており、人間のメディア行動などではなく、より根本的な社会的・人間的諸要因によって作動し、かつ社会的というしかない個人のレベルを超えたさまざまな「力」の複雑かつ微妙な合成力、時々刻々に変容するベクトルによって動いている、とみているはずだから。前にもふれたことだけど、たとえば「広告」という存在、もしくは作用力が、正統派経済理論の構成要因になっていないことなどは、その有力な証拠ではなかろうか。要するに、経済学では、経済現象の中のメディアの働きの独立変数的性格というか、規定要因たりうるというか、そういうことを認めていない、いやその理論にメディア要因を包摂しない／できない、のだ。政治もまた同然。もちろん、全科学領域に共通して「理論の限界」なるものがあるわけだから、[1]この経済・政治学を非難し否定するいわれはない。「広告」を認めなくても、経済学の理論から描き出された仮説や政策が「常に一定の現実的有効性」をもっている事実は否定できないのだから。政治学の創造した基本概念が、しばしば政治現象を正確に説明してくれるわけでもあるし。

　とはいえ、ぼくは、経済現象においてもメディア要因が独立に作用することがある、と考えている。両領域に通時的にも共時的にも、認めざるをえないメディアもしくはメディア的なものの遍在という事実があり、そのメディアが純粋に内在的な動機によって働き、周辺の社会的・文化的領域になんらかの影響を与えているはずであって、広義の政治・経済という社会領域においてもそういうことが起こっているとせざるをえないからである。すでに前に指摘した「ブランド志向」や「無党派」などその典型だろう。「ブランド志向」は狭く定義された消費経済システムで支配的な要因のひとつになるのだけれど、人間の一般的な「もの意識」に必ず含まれているものでもある。これが、広義の経済行為になんらかのインパクトを与えないわけがない。いうまでもなく「ブランド志向」はここでいうメディア要因である。無党派もまた、ある現象に付された各称であって決して個人の性格・属性を語るものではない。

　メディア要因というと相当に包括的な概念である。これをパラフレイズすると、コミュニケーションにかかわる行為・現象とか、記号・象徴を含む現象・行為とか、狭義のメディアとこれに由来する情報に関係する現象・行為とかになる。少なくとも、五〇・六〇年代の、たとえば日本の社会科学周辺では、これらの現象・行為は、より基底的・根源的要因による被規定的なるものとされていた。「新聞を読む」という行為は、なんらかのより根源的な欲求・動機に基づくものであり、かつなんらかの目的のための手段とみなされていた。「新聞を読む」という行為が起動点となって「なにごと」かが始まるなどということはありえない、とされていた。「ラジオを聴く」にしても、「雑誌を読む」にしてもそうだった。もっとも「本を読む」「（芸術）作品を享受する」という行為は、別の範疇を構成することになっていたようである。ともあれ、メディアや情報にかかわる行為は、なにかのためにあるのであり、独立の社会・文化的人間行為とみなされることなどまずなかった。要するに、コミュニケーション―記号―情報メディア現象は、より基底的要因によってすべて説明可能なのであった。前著にも書いたことだが、五〇年代後半、大学院進学直後「記号論をやりたい」といってしまって、周囲から異常視されたのは、けだし、当然であったのだ。

いやしくも社会科学に属する社会学のかけだしの研究者が、より根源的なものをさしおいて、ことの枝葉末節に属するものでしかない「記号」を研究対象にするとは――ということだったのだ。ある高名な哲学者と対話する機会を得た時、「記号論をやっております」という自己紹介は、「あっ、補助科学としてね」とつまらなさそうに概括された。その時、「そんなものかなあ。だけど、人間がことばやメディア、「意味」にこだわるという事実はどう説明すればいいのかなあ」などと思考が揺れて定まらなかったことを、今でも鮮明に思い出す。[2]

その頃、清水幾太郎が『思想のことば』で、「人間の行為は、それぞれ独立の、労働と、コミュニケーションと、性とに分けられる。この三者をいずれかひとつのものに還元することはできない」という主旨のことを書いた。右に書いたような思想風土が支配的であったわけだから、この一文は、少なくともぼくにとって印象は強烈だった。ある種の自信も得たこともたしかだった。清水はなにかを予感していたのだろうか。

実際、六〇年代になって、事態は急変した——とぼくは今でも思う。五〇年代末から始まるモノクロテレビ・カラーテレビの普及の急速、マンガ文化のインフレーション的拡大、音楽機器・情報の急激な低廉化、情報伝送の即時化・大量化、各種情報機器の個人化、これらに触発された既成メディアの変質・機能転換等々は、「情報・メディア革命」(今でいうIT革命)ということばがふさわしかった。六〇年代に起こったことだけをとっても、事態の変革のスケールは、「グーテンベルク革命」のそれを上まわっていたのではなかろうか。まあ、このことは、さまざまな機会に指摘されることではある。ここであらためて強調したのには理由がある。以下にその理由を書く。

すでに本書の冒頭のところで指摘し、説明し強調したように、母親と幼児のつくるメディア空間でもいい、狩の「場」のメディア空間でもいい、そこには、少なくともコミュニケーションに参加する人間主体が二人以上存在し、コミュニケーションは、もっぱらこの複数主体間に成立する。このシチュエイションは、すでにして文化という属性を強く帯びているから、明示的もしくは暗黙のコードに支配されている。そのコードに依拠するコミュニケーションがなんらかの「意味」の発生、もしくは創造を行う――こうした諸要因を含む、いや含むが故に「メディア空間」であった。したがって、物理的空間性を一応の前提としながらも、心理的・文化的・状況的な要因にも依存していた。がこの空間の最大の特徴は、コミュニケーションが、複数の人間主体間で直接に実行されている点にある。

ところで、六〇年代の「情報・メディア革命」の事態の下で起ったことは、この空間の構造の大きな変換であった。現に存在していたはずの実例をフィクシャスに描いてみよう[3]。六〇年代だとテレビは家族単位で視ていた。まだ視ていた。そしてテレビからの映像・音声による刺戟（情報）による家族間のコミュニケーションが発現することがあった。いや、この発想がことさらに強調されもした。しかし、最初の「コミュニケーション」は、テレビ（メディアだ）とそれぞれの個人の間に出現する。テレビ受像機、そこに表示される映像・音声は、たしかに物理的であるが、ものといえるかどうかということはある。しかし、人間主体でないことは事実だ。人間でないものと人間との、この両者間の「作用」をコミュニケーションといえるのか、という問題である。しかし、これがコミュニケーションでないとすると、現に経験的に存在するとされていたマスコミュニケーションという現象は、コミュニケーションの範疇に入れられないことになる。つまり、マスコミュニケーションは、いずれにしろ、人間でないものと人間との社会的に大規模な「作用」なのである。六〇年代に、この「作用」が社会的現象として否定し難い形で現出してしまった。単なる現象、ではすまされない形で、という意味。

六〇年代の情報・メディア革命は、人間でないものと人間との「作用」を常態化した。これと同一範疇に属する社会的現象を、すでにマスコミュニケーションと呼んでいた。のみならず、この個人レベルの「作用」は、常になんらかの広義の「意味」を創造・創出・析出・分泌……する。人と人とのコミュニケーションと決定的な違いなどないのではないか。としたら、これもコミュニケーション、つまりはメディア（人間でないもの）と人間のコミュニケーション、これをコミュニケーションと呼んでもいいのでは。そして、「家族でテレビ」という状況では、このコミュニケーションが実現してそこから人間と人間とのコミュニケーションが派生する。「意味」の創出とその流路はそういうことになっている。これは、実例《フィクション》のあくまでもひとつである。

子どもたちの間で日常で習慣化したマンガ、ごく平凡な中・高校生にも享受可能になったポピュラー音楽、ポピュラーなメディアになった雑誌、これら「ニューメディア」の登場で性格のすっかり変わったラジオ、普及し始めた電話、実用性だけでなくなった家電製品・耐久消費財等々と人間との「作用」も、テレビのつくるコミュニケーション状況・メディア形態と一緒だった。いや、今右に列挙した事例については、テレビの場合と一点で決定的に違っていた。マンガが、音楽、雑誌、ラジオ、電話等の場合、メディア接触は孤立して行われる、という点である。もちろん、「マンガを読んだあと、周囲とおしゃべりをする」ということはある、しかし、メディア接触と最初の「意味」創出は、単独で、ひとりで、メディアと一対一の関係の下で、しかも相対的に閉じた「空間」

において行われる。したがって、その後の周囲とのコミュニケーションはあくまでも派生的でしかない。ともあれ、接触の場面に他者が存在しない、ということは決定的な条件であった。

ここでもうひとつ、フィクシャスな場面を想定しよう。「中学生が私室でマンガを読んでいる」という状況。六〇年代後半には、公団住宅、マンション形態の住居が都市部で一般になり、中学生の中には個室を与えられるものも少なからずいたはずである。パーソナルラジオの普及・深夜ラジオのブーム、オーディオ機器の所有・利用の程度等からみて、「中学生の個室」「高校生の個室」は、もう相当に普通のことになっていたのでは。右に書いたように、その個室で接触していたのは、マンガのみならず、ラジオであり、オーディオ（音楽）であり、時には電話であり、であった。そして個室の外で、たとえばマンガを読むことはあったが、その形態《スタイル》は、個室のそれに準じていた。つまり、他者とともに／一緒に読む、というものではまったくなかった。

要するに、フィクシャスに描いてみたものの、実際のこの状況《シチュエイション》でその場にいる（ある？）のは、ひとりであり、ふたりめは存在せず、存在するのはメディアと、もちろん不可視なのだが、「場」が帯びている文化的属性、換言すれば広義のコード、平たく表現すれば「場の雰囲気」とである。いうまでもないが、「コミュニケーション」が行われる状況としては、特異である。いや、コミュニケーションの原義に従えば、この状況ではコミュニケーションは成立しえない。しかし、ぼくらは、たとえば少年が個室でラジオを聴いている状態を、マスコミュニケーション行為としてみて疑わない。個室に視野を限定していえば、これは個人的なコミュニケーション行動と考え、非もしくは反コミュニケーション行動とはみていない。しかし、ひるがえって「コミュニケーション」の原義に帰れば、ラジオ（メディア）との接触をコミュニケーションとしていいのだろうか、という疑問は、まったく正当である。つまり、この場に成立しているのは、正確にはメディアへの接触であって、コミュニケーションではない……。

　メディアとの接触の場合、人対人のコミュニケーションで通常行われている相互性は存在しない。Aの発話が次の時点でBの中に、Bの発話が直ちにAの中に、なんらかの「意味」的変化を促すという、いうならば“universe《ユニヴァース》 of《オブ》 discourse《ディスコース》”の循環はない。この循環があるもののみを「コミュニケーション」とするならば、ここにコミュニケーションはない。しかし、相互性は乏しい（まったくないとはいえない）とはいえ、メディアと接触している人間の内部では、確実に右に書いた「意味」的変化が、少なくともそれに非常に酷似した過程が起っている。マンガを読んでいる少年、小説に没頭している人物、映画の作品世界にとりこになってしまった観客、テレビドラマに感情移入している視聴者、音楽を聴いて忘我の状態の人物、画集に魅入られている人等々を想起してみればいい。この彼らの中で起っていることは、明らかに「意味」における変化であり、その変化の深さ・重さは、しばしば人対人のコミュニケーションにおけるそれを凌駕する。広義の情報のやりとり、その結果としての「意味」的変化、このふたつを「コミュニケーション」成立の条件とすると、ここで書いているようなメディア接触は、コミュニケーションそのものである。「人対人」という条件をはずせば、といいかえてもいい。マスメディアを媒介にした社会的な情報伝達過程を、人対人のコミュニケーションの拡張されたもの、その発達の延長線上にあるものと考え、マスコミュニケーションとする、この通常の考えかたは、ひとつにはメディア接触と「コミュニケーション」とのこの強い類似性に由来しているのだろう。メディア接触をコミュニケーション行為とし、いささかも疑ってはいないのだ。

マスメディア接触をマスコミュニケーションといっておきながら、人対人のコミュニケーションと対比して、その欠陥を指摘し、時にはマスコミュニケーションを、さらにマスメディアを批判する議論――そろそろ一世紀に及ぶマスコミ批判――は、正確にいうと自己矛盾におちいっている。つまり、本来「コミュニケーション」というカテゴリーに属さないマスコミュニケーションを、属するものと前提にしているからである。マスコミュニケーションは、コミュニケーションでないといってもいいし、コミュニケーションであるといってもいい。いずれでもいいから、論理的な整序と、カテゴリーの一貫した定義づけが前提されていればいい。

このシリーズで、何回か間接的にはふれているように、ぼくは、たとえば絶対者（宗教）と人間との「対話」、宗教的象徴やイコンやものと人間との関係、自然と人間との「対話」、読書、音楽・絵画鑑賞、演劇・映画鑑賞その他を、ある意味で、コミュニケーションの典型、あるいは究極のコミュニケーションと考えているので、ここで話題にしているメディアとの接触は「コミュニケーション」と規定できるとする。たとえば自然と人間との関係、この関係は基本的には「意味」的関係であり、だからこそ、古来この関係を「対話」とアナロジーしてきたのである。もちろん、これは単なるアナロジーではない。自然と人間との間には、明らかに「意味」のやりとりがある。つまり「対話」があり、この「対話」は決してアナロジカルなものではない。いうまでもなく「対話」は「コミュニケーション」と同一パラダイムである。自然と人間との間にコミュニケーションが成立しているのならば、メディア接触は、すぐれてコミュニケーション、といわざるをえない。もちろん、人対人とのコミュニケーションとは、形態も作用も大変に違うのだけれど[4]。

　六〇年代、注目したいことは、こうしたメディアが、個人の生活空間の中に、着実に設置され続けたという事実である。個室にセットされる、移動空間にセットされる。公共空間にセットされ仮想的な私的空間を一時的であれ形成する、セットされたメディアは孤立した個人とのみ「相互作用」する——といった事態が出現する。いずれの状況でも、二人目の人間主体を排除した、メディアと人間との接触＝コミュニケーションが実現している。唯一、これが実現している。個室（周囲から隔絶）にいるのは本人ひとり（特に若者）、社会的メディアの端末（テレビ・ラジオ・オーディオセット、マンガ、雑誌）の存在といった諸条件からして、これは物理的にも状況的にも機能的にも文化的にも心理的にもあらゆる意味あいで「コミュニケーション空間」である。六〇年代、こういうコミュニケーション空間が社会的に有意に成立した。

　が、それまで、都市の山手地区、というか、高級住宅地域というか、そういう限定された地域を除いて、個室は一般的ではなかった。唯一その地域にあった個室は、「書斎」であり「勉強部屋」であった。現在のぼくらのパラダイムというか、空間概念というか、そういうものからすれば、このふたつ、明らかに「コミュニケーション空間」である。そこで行われていた行為は、ここまで書いてきたことからいえば、明確にコミュニケーションである。しかし、五〇年代まで、これらの個室を称するに「コミュニケーション空間」とすること、換言すれば、行為をコミュニケーションとする文化もしくは社会意識や社会的規範はなかった。つまり、物理的に閉じているという条件を満たす「コミュニケーション空間」は、ここにあげた書斎・勉強部屋、ほかに劇場・映画館・催し場等々の特殊な公的空間を除くと、存在しなかった。したがってここでいう「コミュニケーション空間」成立の条件は、ひとつには個室の一般的な普及（書斎以外の個室）であり、もうひとつは「六〇年代ニューメディア」のこの個室への設置であった。端的にいうと、このコミュニケーション空間が現実に存在するようになったから、ぼくらはコミュニケーション空間という概念、あるいはこういう空間意識を含む認識の枠組みをもつようになった。そして、この新しい認識枠が、ぼくらにいくつかの新しい事態・状況を可視的にしてくれた事実も否定できない。たとえば、テレビのある居間・茶の間、リビングルームを、ラジオと新聞があった時代のそれとは、生活空間としては別のものとみなすようになった。またたとえば、電話は遠く隔ったAとBとの二人が、ひとつの仮想の「空間」をつくる。この空間の形成には、物理的な要因はいっさい関与していない。まったく新しい「空間性」をもつ。これを「空間」とみなして異としない、そういう考え方が一般になった。もうひとつたとえば、深夜ラジオのオーディエンスたちは、それぞれの番組のパーソナリティを軸に、「仲間」をつくっていた。その「空間」は空間的・物理的には全国規模であったが、「仲間」うちのジャーゴンすらあって、独特の気分を共有していて、ある種の異様なインティマシィ（親和性）が「全体」をおおっていた。つまり、この「仲間」たちも仮想の「空間」をつくっていたといえる。六〇年代には、この「仲間」あるいは「集合形態」をさして、新しいタイプの「共同体」と、少なくともぼくは呼んでいた。こうした、「居間観」「電話観」「ラジオ（聴取者）観」「コミュニケーション観」についての新しいイメージ等々は、六〇年代から始まったのである。人間とメディアとの接触がコミュニケーションであるという考えかた、これは、伝統的なコミュニケーション観に決定的な変換をせまっていたはずである。何回もいうように、「マスコミュニケーション」という概念をもったことが、実はコミュニケーション概念の決定的変換を意味していて、深刻なパラダイム変換であったことに、残念ながらぼくらはほとんど自覚的でなかった。しかし、今にして思うのだが、六〇年代に起こっていたことは、人類のコミュニケーション史における、革命的というか、画期的というか、そういう変容であった。(5)

ここまで、「コミュニケーション空間」を使ってきた。が、すでに右の議論で明らかなように、「コミュニケーション」概念を書き換えれば、それはそれでいいのだけれど、多少ともコミュニケーションの原義にこだわれば、もっとほかにより的確ないいかたはないものか、となって少しもおかしくない。何度もいうように、六〇年代に、ぼくらの社会で初めて発生した、しかも新しいタイプの個室に存在していたのは、その個室の住人と、いくつかのメディアと、その個人とメディアとの接触と、接触によって創出される「意味」を規定する不可視のコードと、さらにそのコードを規定する雰囲気というか、その個人と個室がつくる個人的文化というか——こういったものである。たしかにもうそこには伝統的な意味でのコミュニケーションはみえない。存在しない。しなくなっていた。

右に書いたものがこの個室を構成しているとするならば、「個室」をいい換えて「文化的空間」として差支えないだろう。そしてこの文化空間の特性からして「メディア」が一方の主役であることは確実だ。「メディアあって初めて成り立つ空間」といって過言でないからである。というわけでこれを「メディア空間」と呼ぼう。いや実体としてこれはメディア空間である。ここで書いていることは、過去にあった文化的空間に対して時代を遡って新しい概念を適用する、という操作である。要するに、今にして考えると「あれはメディア空間だった」ということである。論理的な手続きとして許されるかどうか、ということはたしかにあるだろう。しかし、この本質・実相がずっと後になってわかる、理解できたということはいくらでもある。したがって、やっていけないことではないだろう。ぼくがメディア空間ということばを使ったのは、八〇年代になってからである。六〇年代の人々のコミュニケーションの形・姿の新しさに着目し、かつ伝統的なコミュニケーション概念は的確ではないと考えたのは、当然のことながら、七〇年代前後だった。その頃は「情報空間」ということばを使っていた。メディアとの接触を「情報との相互作用」と考えたからである。情報を媒介にした人と人との直接的なコミュニケーションではないこと、この点を重視したからである。「情報環境」「情報行動」という概念も、同一の論理的文脈に位置づけられ、要するにこの三つはワンセットだったのだ。そして、すでに指摘した理由によって、つまりは「メディアが主役」である以上、「メディア環境」「メディア行動」「メディア空間」がより的確である。「情報」を使った三つのパラダイムに関して七〇年代から八〇年代にかけてのぼく自身の作業は、あらためて「メディア」を使って構成しなおすことが可能になった。論文の再構成はやっていないが、あの時代の文章の中の「情報」を「メディア」と入れ換えるという試みをやってみた結果、論理構成に齟齬はなく同一主旨の論文として変わらないことがわかった。いや、入れ換えたほうが、六〇年代以来のぼくのいう「メディア革命」によって発生したさまざまな社会・文化・人間的事態・現象を、より的確かつ深くとらえているようである。いくらか自画自賛のキライがないわけではないのだが。

G・H・ミードが好んで使う〝universe of discourse〟[6] これは、この一連のシリーズの文脈に置けば、「コミュニケーション空間」である。ここでは強く意識的に機能化してとらえざるをえなかったアメリカ、ことばの伝達性を通常より肥大させざるをえないマスメディア、そのマスメディアを意図的に進化させねばならなかったアメリカ（インターネットに異常に依存するアメリカはこの延長線にあるのだろう）、このアメリカで二〇世紀初頭に、社会学者・心理学者・哲学者の何人かが「コミュニケーション」という人間行為に注目したのは、極めて理にかなった話だとぼくは考える。そのひとりであったミードが、コミュニケーションが実行されている「場」に、おそらくは「文化的」という含意のある「空間性」を認めざるをえなかったことも、ごくごく自然であったような気がする。コミュニケーションという要因を、社会・文化・人間的現象の形成の独立変数と認めざるをえなかった。「コミュニケーション空間」もしくは「コミュニケーションという独立変数」というイメージは、二〇世紀前半、主としてアメリカの、経験主義が支配的だった英米の、人文系諸科学に底流していたのではと推測している。個人のレベルのコミュニケーション空間から社会的レベルのそれまで、明確に科学的に定義されずに、あくまでもイメージとして。

多分に人為的に明確化され定義されたものではあれ、ひとたび「コミュニケーション空間」という概念が立ち現われると、茫漠として曖昧であった現象が分節化され、その構造・仕組みがみえてきて、みえてきた個々の要因・アイテムの位置・役割も瞭然となる。たとえばの話だけれど、「井戸端会議」とは、ある種の人間行為の蔑称であった。「小田原評定」もそうだ。「村の寄合」も。しかし、「コミュニケーション空間」という範疇をつくり、そこに一括してみると、それぞれのもつなんらかの目的に対しての合理性がみえてくる。ぼくらの文化圏では、「井戸端」をコミュニケーション空間とする理由・背景、あるいは必然性はなかったのかもしれない。しかし、存在し続けたことには、やはり理由《わけ》があり、だからこそ何といわれようとなくならなかった。その理由《わけ》は、「井戸端」がコミュニケーション空間であったことに由来する。要するに、ぼくらのこの文化圏にも、客観的には、コミュニケーション空間は存在していた。しかも、近代化の始まる相当に前から。そして、その「コミュニケーション空間」は、生活の場へのテレビの侵入をきっかけに、急激に「メディア空間」になっていった――とでもいえばいいか。端的にいえば、この文化圏に潜在していたコミュニケーション空間は、「メディア空間」になりやすかった……。新しいメディアは、常に新しい「メディア文化」を伴ってくる。テレビもそうだったけれど、明治開国後の「読書」もしくは「書籍」は、江戸期までの文人墨客の専有物であることはやめて、より多くの人々の入手可能なものとなった。しかし、「読書」にまとわりついた「精神的価値」に独特なものがあり、それがある特殊な「文化」を構成し、少なくとも六〇年代までは続いた。そして、実際読書を習慣としない人々も含めて、日本人の圧倒的多数がこの「文化」に大いに敬意を払った。つまり、「読書文化」に寛容だった。先に「テレビもそうだった」と書いたが、欧米の多くの国々で、テレビの導入・利用・実用化に対してさまざまな文化的抵抗があったけれど、ぼくらの国では抵抗は皆無に近かった。テレビが「世界に冠たる」スピードで普及した要因のひとつは、この抵抗のなさだろう。かくして、テレビを主役メディアとする「メディア空間」がいち早く形成されることになった[7]。

マンガも同様。マンガについては、子どもたちになんら制約なしに与えること、性・暴力表現が野放し状態であること、マンガのみが与える人格形成における障害等々が指摘され、いわゆる「マンガ文化」批判はあった。しかし、マンガ雑誌・コミックへの子どもたちの接触を、「権力的」に抑制する効果的な動きはほとんどなく[8]、マンガも急速に子どもたちの文化圏に浸透していった。結果的に、マンガにまつわる文化に対して、この国の社会と文化と規範は大変に寛容だった。おかげで子どもたちは、大人の監視などまったくない状況でマンガを入手し、そのマンガを主体とするメディア空間を作った。個室を与えられていたこともあったのだが、個室で受験勉強をやっているはずの子どもが、実はマンガにふけっているという、六〇年代以来、テレビドラマによく現われたシーンは、いうまでもなく現実の反映であり、その部屋の構成はまことにもってメディア空間にふさわしい。親の干渉からまったく自立してしまった小・中学生の個室のメディア空間のこの構図は、個人主義の本家である欧米でも、許されていないはずだ。が、この国にはあった。「子どもの人間としての権利」を認めるべきだ、という大義名分の下に。メディア空間の形成は、その程度に容易であった。

もちろん、話は子どもに限らない。六〇年代、老若男女のすべてが、この種の「メディア空間」の住人になった。メディア空間は、実際、住み心地がよかったのである。

第2章　メディア空間の構造

「メディア空間」にあるのは、①まず孤立した人間主体、②そしてメディア、③人間とメディアの接触、④接触を契機に起こる「意味」の創出、転換、⑤「意味」とその転換を規定するコード、⑥コードの母体となるそのメディア空間に固有の、いく分かは、私的な文化である。[9] これらが構成要因である。念のため確認しておくと、ここには伝統的な意味合いの「コミュニケーション」はない。「家族でテレビ」の場合、テレビ番組・内容に触発された家族間のコミュニケーションはあった（これがあることを過大視して、テレビを肯定する言説が、その昔、結構にぎわったものだった）。しかし、このコミュニケーションは、メディアと人間との接触から副次的に派生したものであり、接触に支配されるコミュニケーションであることを、念のためここで強調しておきたい。いわずもがなのだが、テレビ接触がなければ、そもそもこのコミュニケーションなどありえないのだから。が、ぼくとしては、すでに指摘したように、コミュニケーション概念を拡げ、この人間とメディアの接触、接触からの「意味」の発生・転換をコミュニケーションとみなすべきだと思った。「意味作用」ということばを使うこともあるけれど、人間とメディアの「相互作用」という点を重要視したいので、拡げた上でではあるのだが、しばらくはとりあえず「コミュニケーション」を使うことにする。伝統的なコミュニケーションの場合、それが伝達や意思疎通や指示・命令を目的とするかぎり、送り手におけるエンコードの際の「コード」と、受け手がデコードするための「コード」は一致していなければならない。つまり、送り手は、受け手の解読を「支配」している（送り手の支配）。マスコミュニケーションの場合を考えると、送り手が存在し、エンコードが行われている。そのコードに従って受け手がコミュニケーション内容を解読しなければならないことがないわけではない。しかし、「意味」の創出・転換がこのコミュニケーションの常態いや特徴とすると、コードは一致しなくてもいい。送り手は受け手を「支配」できない（してはならない）、メディアの情報から読みとれる「意味」は多元・多様でありうる――ということになる。接触と「意味」というプロセスの内部に立ち入ると、こうしたいくつかの要因を見出すことになる。これらはこのコミュニケーションの特性を示しているともいえる。

話をもどそう。先にあげた六つの要因が、ごく単純にイメージされたメディア空間の主要な構成要因である。人間主体、メディア、コード、接触行動等々は、相互に密接に関連し、依存し合い、作用し合い、ある要因の変化は他の諸要因の変化を必ず伴う以上、「構造を成している」。たとえば、個室にその住人が入ってくる。それ自体ひとつの行動だ。その行動は、ほとんど自動的にテレビのスイッチオンという行動を伴う。併行行動はほかにも。これは習慣か、それとも個室という場の属性か、必ずしも自明でないが、ふたつの行動とメディア（テレビ）との間には、強い「結合関係」があるといわざるをえない。この関係の概念内容は、構造のそれとほとんど等しい。だから、入室とテレビオンという二つの行動とメディアとしてのテレビは、「ある「構造」を成している」というわけだ。いっさいの解読コードを欠いている場合、眼に映るテレビ映像とそこに発する音声はなにものでもない。解読コードがないとは、テレビに関して知覚能力をまったく欠いているに等しい。つまり、テレビを有意味のものとしてみる行為、その内容から意味を読みとる行為、みることに触発されて意味を創生・変換する行為のすべてが、人間に内在しているともいえるし、文化として外在しているともいえるコードなしにありえない。だからこれら行為とコードは強い「結合関係」をもっている。いうまでもなく、関係は構造である。そして、すでに何回か指摘したように、コードは文化に属するが文化そのものではない。文化のある部分ともいえるし、文化の機能のひとつともいえるし、文化の一側面ともいえるけれど、ここまでが文化でここからコードという境界線があるわけではない。コードと文化は、密接で複雑な関係をもった、いうならばひとつの構造体を成している。この個室というメディア空間内の人間行動は、文化→コードから流出するなんらかの規約に依っているわけであるが、その流出というか、コードの活性化＝規約の顕在化（意識化）というか、この「作用」は、テレビというメディアと人間との接触が契機になっている。メディアという要因に依るといってもいい。さらに、特定のテレビ番組への接触は、その個人の生活習慣、生活時間、番組や出演者への好意、人間関係等々の複雑な交錯・からみ合い・合成ベクトルの結果であり、接触刺戟要因はテレビにのみあるだけではない。メディア空間の構造は、内部要因の複雑多様な相互因果関係の焦点であるばかりでなく、空間の外部要因とも関係をもっている。完全に閉じた空間ではないのだ。

右の簡単な描写からも明らかなように、たとえばテレビ接触は構成要因のひとつではあるが、単純なモナドではない。内部構造をもっている。その内部構成要因のひとつである。「意味作用」にしても、「意味」の創出と転換という「作用」から成る。そしていうまでもないが、創出も転換もまた内的メカニズムをもっているし、そのメカニズムの働きも決して一様ではない。そんな細かいことまで、というなかれ、なんらかの番組の存在と働きの「意義」を明かにしようとなると、この内的メカニズムの解明は不可欠なのだから。のみならず、ある番組に接触しているというメディア空間は、社会現象としてみた場合、無数にある。統計的マスとして扱う以外にない程度に、その数は多数である。そのそれぞれのメディア空間で、個別に、つまりは互いに影響し合うことなどほとんどなく孤立もしくは独立して、「意味作用」が行われている。メディア空間の一構成要因である「意味作用」の、このように横に連なる多様かつ多数を、「構造論」という立場でどう扱えばいいのだろうか。メディア空間の構造をとらえる、とはいうものの簡単な話ではない。つまり、「意味作用」の多元性・多数性・多様性を「構造」の中にどうとり込み、位置づけるか、ということである。換言すればメディア空間は、他面では社会的な存在なのであって、決して孤立的で一個のメディア

空間とはみなしてしまえない。独自性・自立性もまた確実に存在している。(10)

とはいえもちろん、一個のメディア空間がどう構成されているか、もまた、すでに指摘したことだが、簡単な話ではない。そのメディア空間に内在しているといってもいいし、その住人がもっているといってもいいのだが、「意味作用」の起動因になり、その「意味」を決定する根拠にもなるコード、このコードが特定のひとつの、メディア空間において一義的でない。たとえば、あるドラマを解読するコードは、ひとりの視聴者においてひとつということはまずない。複数の解読コードをもっているのが通常である。ドラマを見続けるその時々刻々、このコードがさまざまに交替することのほうが多いとぼくはみている。ドラマのある場面で、あるいはストーリー展開のある段階で、特定のコードで観賞し解読するのはどうしてか。おそらく、この点に関しての誰もが納得できる説明など不可能だろう。とぼくは推測しているけれど、コードの選択とその背景・理由、コードの作用がメディア空間の相当に重要な構成因であることにまず間違いはない、要するに、話は単純ではない、ということなのだ。

と書いてきてわかっていただけたと思うけれど、メディア空間を構成する要素・要因は、大変複雑で立体的な（当り前）ネットワーク構造になっている。ひとつの要素は、他のすべての要素・要因と、直接・間接、有機的に結合していて、したがって相互的な因果関係にある。しかも相当に緻密な構成になっているから、そこに別の新しいメディアがひとつでも持ち込まれると、空間の構成あるいはありよう・雰囲気はほとんど質的に転換する。テレビ、オーディオ、電話、マンガ、新聞、書籍等々がセットされている、その住人が若者である空間に、たとえばケイタイとパソコン（メール、インターネット）が入った場合を想像してみれば、わかりやすい。住人の気持・意識、空間での行動様式、空間と住人の関係、既設のメディア間の関係、そして空間の雰囲気は、程度の差や「個人差」はあるにしても、確実に変わる。そして入り込んだ新メディアと住人との関係、新旧メディア間の関係が発生する。その関係＝構造が空間の全体構造になんらかの変換をもたらすのは、当り前のことだ。メディア空間の構造性は緻密で厳格で、そして内的・外的な「力」の作用に対して大変に敏感なのである。このことは「井戸端」や「いろり端」といった古いタイプのメディア空間でもそうだった。仮にいつものメンバーであれ、「井戸端」にもうひとりが加われば雰囲気が変わり、話題も変わり、話しかたも変わる。構造的転換がある。「いろり端」も「酒場」も「サテン」も。コミュニケーション空間――メディア空間とはそういうものである。そこにこの種の空間の特徴のひとつがある（後述）。

　通常「構造」というと、物理的な構造体を想像し、個々の要所の空間的・立体的配置が「構造」になるというアナロジーを考えてしまう。――このアナロジーが仮に近似性が高いとすると、メディア空間の構成・構造性はチャートもしくは図によって表示可能になる。実際、社会諸科学の最近の著作には、この種のチャート・図が夥しい。「視聴覚」がどうのこうのという議論があって、チャート・図を駆使できないのは無能扱いされる。こういうものが提示されていると、教えられるほうもわかった気になれるから評判はいい。なにしろ、ボードになんでもたくさん描くのが、いい教師らしいのだ。しかし、チャートにしろ図にしろ、どう描いても二次元である。すでに指摘したように、メディア空間は多次元的である。これをムリして二次元に環元して「図」にしてしまうと、おそらくぼくらの知覚・想像力は、その図に規定されて空間の多次元性の認識が難しくなるのではあるまいか[11]。

すでに書いたように、メディア空間は多次元的で、稠密で、緻密で、有機的なネットワーク構造をもつ。これを二次元表示するのは、大変に困難であり、かつ下手に簡略化した図は、構造の実体から乖離してしまう。少なくとも、ぼくにはチャート化・図化はできない。それにここでいう構造とは、任意のふたつの要素・要因間の定義され明確にとらえられた「関係」である。さらにその関係の「関係」であり、関係が多元的多層的に存在する。個別の一種の関数関係であり、単純なのもあれば複雑なのもある。たとえば、個別のメディア空間をおおっている文化と、そこでメディア＝情報の解読が依拠するコードとは、等しくないが大変に密接な関係をもつ。だから両者は「構造を成している」といえる。その関係＝構造の定義は大変に複雑だし、仮にこれを関数表示するとなると、多次元の行列式が必要になるかもしれない。そのチャート化・図化はドダイ不可能で、やったとしてもなんの意義も認められない。といろいろと書いているわけであるが、要するに、一人の若者の所有になる、小さなメディア空間にしてからが、この程度に複雑な構造をもっている、ということだ。が、いかに複雑であろうが、そこに「構造」があることはたしかである。つまりメディア空間とは、文化というカテゴリーに属する。人間の生活空間のひとつなのである。

メディア空間の重層性については、すでにI部でも指摘したから、ここでは簡単に言及するだけにする。いうまでもないことだけれど、現実のメディア空間には複数のメディアが存在している。たとえば、テレビが活性状態にある時、その空間は「テレビ・メディア空間」である。他のメディアがまったく作用していないとはいえないが、ずっと後景に退いていて機能していないに等しいのが普通だろう。もちろん、複数メディアが同時に作動している場合もありうる。たとえば、「電話しながらテレビをみている」という状態。これは「テレビ・電話・メディア空間」とでもいえばいいか。こうした複数作動と本当は明確に区別できるものではないと思うが、ひんぱんに行われる作動メディアの交替。たとえばテレビからラジオ、ラジオからCD、CDからパソコン、パソコンから雑誌、この流れの途中に出現するケイタイといった移行・交替・循環は、ごく一般的である。厳密にいうと「継起」ではあるが、心理的には移行の過程では「複数同時」である。こうした単独接触、接触の移行、複数接触の都度、メディア空間の構造と作用は、程度の差はさまざまだが変移する。それ以前と以後は、場合によっては別のメディア空間といってもいい。お目当てのビデオ作品にめずらしくいれ込んでいる場合と、インタネットに夢中になっている場合と、その空間の感じが、雰囲気が、状況がまったく違う。もちろん、メディアが交替してもそんなに違わないこともあるだろう。いずれにしろ、メディア空間は、不断に、転移・変移している。その微妙さ（小さいという意味ではない）に着目すれば、ふたつ以上の少しずつ異なるメディア空間がずれながら重層している、と表現するのが妥当のように思われる。これをアナロジカルに説明したのが、第I部の当該の項である。あの項での「重層性」の説明は、今この文章の後につなげるのがいいのかもしれない。論理的にも、そして理解しやすい記述のためにも。ここで強調しておきたいことは、この重層性もメディア空間の構造特性のひとつであるということ。

重層性は、活性状態のメディアの移行と関連している。移行には時間の推移が伴っているから、メディア空間は、空間的に多次元（物理空間の三次元を超えて）であって、そして「時間」という次元をも含む。つまり、正確にいうと多次元の「時・空間」であり、すでに指摘したように、その上で各要素・要因間の関係＝構造は、ネットワーク状である。メディア空間であるからといって、必ずしもメディア（たとえばテレビ、たとえばパソコン）が主役ではない。もちろん、メディアが主役になりうるが、住人が主役の場合もあるし、空間という「場」が主役でもありうるし、「意味作用」や「文化＝コード」が主役の時もある。「主役」といっているのは、メディア空間が活性状態になる起動因というか、契機というか、始点というか、それは何でどこか、ということなのだ。つまり、それは状況や事情や文脈や前後関係による。したがって、この空間に安定した中心もしくは軸になるものは存在しない。住人といえども空間構成の一要因であって、他の要因と優劣の差はない。換言すれば、中心をもった階層構造ではなく、各部分が同格のフラットな構造、つまりはネットワークということだ。だからといって、有機的でないわけではない。むしろ、要素間の結合度は、ある意味で非常に強いから大変に有機的なのである。

伝統的な日本の住居の、仏間があり、神棚があり、鬼門という観念が生きていて、客間・居間があり、板の間での膳の位置が決まっていて、しかもいろり端にも各人の定位置があったのに比べると、今時のメディア空間にこうした構造性は皆無である。いうならばメディア空間は「民主的」である。居間・リビングで、家族揃ってテレビ視聴の初期、「テレビの前の各人の定位置」のようなものがあったが、現在は当然、家族でテレビ視聴習慣の末期、この定位置も相当に不安定になり、それぞれの位置は状況に左右されるようになった。居間・リビングというメディア空間も、その構造の安定度を着実に落としている。もちろん、構造性に乏しくなったというわけではない。位置が不安定になるのとほぼ併行して、個々の家族成員それぞれが、個人所有のメディア空間をもち始めた。おそらく、ひとりでつくるメディア空間は、ぼくらの社会の場合、例外的には以前からあったと思うが、社会的規模で、社会的に有義のものとして、存在し始めたのは、この時からであろう。つまり、これはまったく新しいタイプのメディア空間だった。いや正確にいうと、このメディア空間が出現して初めて、ぼくらはメディア空間という概念もしくはパラダイム、あるいはそういう意識をもつようになった。したがって「六〇年代にメディア空間が顕在化した」ということは、つまりは、新しいタイプのメディア空間が出現したこと、これと併行してメディア空間の個人化もしくは個室化が進んだこと（メディア空間が分裂して、そのひとつが自立したといってもいい）、人々がメディア空間という意識をもつようになったこと、この三つの位相の可視化でもあった。

第3章　メディア空間の形・姿

1　メディア空間の諸形態――(1)

これはとるに足らぬことがらなのだろうか。それとも移ろいやすい、したがって意味も稀薄な現代風俗にすぎないのだろうか、あるいは社会科学的思考が取り上げるに値しない（取り上げてはならない？）些末の現象、極めて表層的なものごとの本質にかかわらない現象なのだろうか。これとは、この一、二年、公共の乗物の中で必ずといっていい程度に見かける若い女性の化粧の風景のこと。朝の通勤・通学の車輛だと二、三人には止まらない。時には、あっちでもこっちでも。一昔前、女性たちは、「化粧の場」を、親兄弟・夫にもみせなかった、まして他人においておや。おそらくは、江戸時代から明治・大正・昭和・平成の初めにいたるまでは、そうだった。「化粧の場」（時）は、「近代」とか「前近代」とかに関係なく、女性にとって極私的空間、究極のひとりの秘めやかな空間、他者には接触の許されない「聖」空間であった。この空間で、女性は、化粧の材料・道具・鏡とともにあり、時々刻々変容してゆくみずからの顔貌を凝視し続ける――はずだと思うが、これはあくまでもこの体験のないひとりの男の推測にすぎないのだが。[12]その推測に基づいてさらにいうと、この空間はまた、極めて「近代的」である。なにしろ個が個をみつめているのだから。この近代性と「化粧の場」の密室性は強く結合している。女性たちは、ずっと前から、束の間の近代性を享受していたのだ——ということになる？

この「化粧の場」で実行されていることは、実利性の乏しい材料と道具を使って、顔という「地」に、色と形を描く行為である。本人と、化粧の材料・道具と、鏡と、この三者の間には、ことばでは十分に説明しきれないはずのデリケートな相互作用がある。そして、もうひとつぼくに興味があるのは、化粧という行為の進行に、あるいはみずからの顔貌の変容に伴う本人の心理の複雑かつ微妙かつ神秘的と想像される、その心の動きである。本人が個人的に「美」とする「もの」が作られてゆく。それは人工的・人為的に「作られるもの」であって、「自然のもの」ではない、そして「作られたもの」に対して、まず第一に本人が「美」という観念をもつ。しばしばその「観念」は他者と共有される。ここでいう「美」は、ことばの本来の意味で仮象であり仮想である。つまり「意味」である。したがってその意味の析出に関与している化粧の材料・道具・鏡、顔その他はすべて「メディア」という概念でくくることができる。しかも化粧という行為の進行の間、かつての密室の場合は特に、外部からの「作用」「力」はないと断定していい。かくして、「化粧の場」はメディア空間、究極のメディア空間である（であった）。ここまでに、日常的なメディア空間の典型をいくつか紹介・描写しているが、「化粧の場」もその典型のひとつとして付け加えておかねばならない。もちろん、あのいくつか描いたメディア空間とこのメディア空間の基本構造は一緒である。主体とメディア、その相互作用、相互作用の成立する空間・場、そして析出してくる「意味」という点で、「化粧の場」のあの極度の密室性は、そのメディア空間の特性として認めねばならない。「化粧の場」を「究極の……」といったのは、この密室性においてであった。

通常の「化粧の場」の説明に手間どったけれど、いいたいことは、この「場」が公共的空間に出現してしまったという、冒頭に指摘した事実であり、その「化粧の場」が、現代の「メディア空間」の典型のひとつだ、ということ。かつての「化粧の場」を密室にしたのは、化粧に関する女性心理のある傾（向）きであり、しかもこの傾きは女性に一般であった（これをしも男のせいだ、というのかな？　しかし、他でも、女子トイレ・洗面所でのみんなと一緒の、同じ鏡を使っての、化粧を拒絶している女性がいる以上、男のせいではないのではないか）。が、車内での化粧は、現象的には、少なくとも第三者の眼からすれば、密室性は消滅している。剝離している。あるいは否定されている。しかし、本人の主観的心情というか、その時の気持というか、それはどうなのだろう？

六〇年代からこっち、四〇年間、いつも同じ年頃の若者と接してきて、あの時のあの若者たちの思考と行動の違いに驚倒し、まがりなりにも違いとその背景を分析し、その結果、各世代を比較してきたぼくが推測するところ、彼女たち（ぼくが出会っているのは、一〇代後半から二〇代後半まで、最近はもう少し上までいるのかな）は、主観的には、「密室性」が保持されていると思っている。古いことばだけれど、「傍に人なきが如し」。つまり、彼女は不可視の遮蔽《バリヤー》によってみずからを囲い込み、そこに密室が成立しているとしている。だからヴァーチャルな密室だ。ひとたび、この心理的構えが用意されてしまえば、そこは、かつての「化粧の場」同様の「密室」になる。ここから先の経過もかつての「場」と一緒である。問題は、こっちからみえてしまう点にあるわけだけれど、みえている事実は、彼女において存在しない、意味をもたない。「公共の空間の内部に、その外貌も内部構造も可視的な、密室が成立する」。この命題は、少なくとも「近代の論理」からすれば自己矛盾を含んでいる。「公共空間の内部」「内部がみえている密室」は論理的に成り立たない命題である。とはいうものの矛盾であろうがなかろうが、「みえないバリアーで密室を作る」という意識と行為が実在しているのも事実なのである(13)。

そしていうまでもないが、これはかつての「化粧の場」に等しいからメディア空間である。今日の公共の空間は、多分に「メディア性」を帯びている。したがって、彼女たちのメディア空間は、「メディア空間」の内部に含まれるもうひとつのメディア空間にほかならない。そしてつまるところは、それが「化粧の場」であって、主観的に密室性を保持していて、しかも私的領域にでなく公共的空間に存在するという、この三点において、現代のメディア空間の典型のひとつである。前著でも再三ふれた車内でのウォークマン、この場合の主体とメディアのつくる空間も、当然メディア空間である。車内の化粧は、このメディア空間との類似性が非常に強い。むしろほとんど同質といっていい。おそらく、こうした、いうならば「近代の論理」を超えた個の存在形態(空間)、端的にいってメディア空間の原型というか萌芽というか、そういうものはすでに六〇年代に出現していたと思う。これも再三言及していることだけれど「カプセル人間」というパラダイムには、「メディア空間」という意味が確実に含まれている。さらに、七〇～八〇年代に流行語あるいは風俗用語として便利に使用されてきた「カウチポテト」「コクーン人間」「フリーク」「オタク」等々にも「典型的な「メディア空間」の住人」という意味が含まれている。「電車の中で化粧する女性」は、これら各時期の若者風俗を典型的に体現した人間類型の後裔というか、その現在的姿態にほかならない。

お化粧の密室性が破られるシチュエイションがないわけではない。演劇・映画・ドラマの出演者のメイクアップや、ハレ的な状況への参加（結婚式等々）の際の美容師・スタイリストによる「化粧」などには、密室性はない。他者が化粧という行為の一端を担い、化粧の進行を自他がともにみつめるという状況ではあるが、その場がメディア空間であることには変わりはない。これもまた、立派にメディア空間である。化粧というメディア（行為）が、「美しさ」「非日常的な状況における装い」という意味を産出しているのだから。密室性が破られる場合がないわけではないが、右に書いたことはあくまでも例外で、非日常的であり、化粧における密室性という重要な属性を否定するものではない。むしろ極度に限定された非日常的な状況で密室性が崩れることがあるという事実は、密室性が重要な属性であることをかえって明確に立証しているとみることもできよう。近代《モダン》において、化粧の密室性の強度が上がるという支配的な傾向がひとつある。そして現在、例外的な非日常の場合以外に第三者の視線にさらされながらの化粧が出現しつつある。ある面で密室性は完全に消滅しているのだが、当人においては密室性が保持されていると観念されている。こうした客観的—

主観的に微妙かつ多義的《アンビバレンツ》な状況の下で、人間の存在における「密室性」という概念をどう定義しなおすか、これは別して興味ある主題だ。

ここで、ぼくの目撃談をしておこう。通勤時に化粧しているところをよくみかけるひとりの女性がいる。二〇歳ぐらいか。女性？　少女？　彼女は、ほぼ確実に、座席に腰を下すや否や、化粧用具一式をとり出し、まさに傍若無人。お化粧という行為にのめり込んでゆく感じであって、その集中度、没入度、忘我の雰囲気、あえていえば恍惚境は、その車輛全体の中で突出して異様である。周囲の乗客は、彼女をみつめる誘惑に勝てないかのように、一分に一回ぐらいの割合で、瞬間的にではあるが視線を彼女に向けざるをえない。かくして、たくさんの視線が彼女に向けられることになるわけだけれど、彼女はまったく意に介さない。心理的なバリヤーが十分に機能していることになっているのだろうか、それとも、チラッとくる人々の視線が快感か。さすがに私室での化粧とは違うのか、一五分もあれば終了する。いつものことながら、まさにお化粧であって、出来上った顔貌は、最初座についた時のそれとは別人のものになっている。彼女はいうならば変身したのだ。そこにメディア空間が実在したことの、もっとも有力な証だといわねばならない。

化粧が終ってからの彼女の行動がまた、大変に興味深い。いつものことなのだが、彼女はウォークマン（ディスクマン？）のヘッドホーンを取り出し装着する。この時彼女は「化粧の場」というメディア空間から、「ウォークマン」というメディア空間に移行したのだ。これを移行というか、移動というか、切り換えというか、着換えというか、組み換えというか、いずれにしろ前と後でメディア空間は異質であり、まったく異なるメディア空間が出現したことは、たしかである。いうまでもないが、この移行は自然かつスムーズに行われる。これまた当然のことなのだが、本人にメディア空間の間を移動したという意識・自覚はない（はずだ）。次に彼女は、「ウォークマン」を装着したまま、女性誌かファッション誌か情報誌を取り出す。ぼくとしては、ここでどうしても強調しておきたいことは、「ウォークマン」のつくるメディア空間と、「ウォークマン」「雑誌」のつくるメディア空間の異質さである。このふたつは、メディア空間として別物であるということ、つまり彼女は、またひとつ別のメディア空間に移行したのである。ウォークマンからの音楽が内的に活性化された状態がある。ウォークマンが主か雑誌が主かは状況によるとして、いずれにしろ両者からの刺戟があり、その結果としての内的活性状態がある。前者と後者は、違って当然である。したがって、「化粧」のメディア空間と、ウォークマンのそれと、ウォークマンと雑誌のそれとは違う。これまたいうまでもないが、これら三つのメディア空間の間の移行も、ごく自然かつスムーズであって、本人はほとんど意識的ではない。こうして彼女は、数十分の間に、少なくとも三つのメディア空間に時間を前後させながらいたことになる。彼女のこの移行は、ほとんど習慣化しているようだから、乗車の場合はいつもこの移行が繰り返されているとみていい。たまたま友人と乗り合わせた場合も、どうやらお化粧は必ずやるようだから、この点は変わらない。そしてもうひとつのメディア空間のほうは友人との会話をメディアとするもの、ということになる。この程度のヴァリエーションはあるのだろう。

しばしばみかける女性（少女）の例をあげて描写を試みたわけだけれど、これは個別の事例には違いないのだが、一般性を欠いているわけではまったくない。もちろん、彼女は化粧を始めることで、無意識的なのだがメディア空間の極端に現代的・典型的な形・姿を顕示して、いや強調・誇張してみせてくれた。彼女は、ある意味で閉鎖性・密室性にすぐれたメディア空間にすっぽりおさまっていることを、まさに逆説的に可視化してくれたのである。そして、そこから始めることによって、一連の行動がメディア空間の形成とその内部でのメディア享受であることをも、了解しやすい形で示してくれた。個別の事例かもしれないが、典型的なメディア空間と、メディア空間の典型的な移行と、空間内での典型的な行動様式をみせてくれた。

彼女の場合、乗車することが直ちにメディア空間をまずひとつもつ（「空間」内に住む）ことであった。が、彼女は例外ではない。乗車は、目的をもった移動を可能にしてくれる機能的な空間にいることではあるのだが、少数の例外を除いて、ほとんど人が乗車とともになんらかのメディア空間を選択している、ごくごく習慣的に――満員電車の中で大変に不自然な姿勢でもあえて新聞を読むサラリーマンを想起されたい。さらには、新聞をあきらめて中吊り広告に眼を移す中年男性（彼にとってこれは、「時代」を知る恰好で、しかも手軽な方法なのだ）。やっと座って雑誌や文庫本を開くOL・学生。そして、再三の「当局」の要請にもかかわらず、次々になるケイタイの音、ケイタイでの会話（ほとんどが緊急の話などではない）(14)。加えて、身体を接している傍の人物、少し先にいる男や女、つまりは人間、彼（女）もまた、単なる物理的存在ではない。物理性を超えたなんらかの「意味」を発信している。要するに乗りものには、満員か否かに関係なく、メディアが多数・多量にあって、人々は乗りものという物理空間にあるのはたしかなのだけれど、本当はどこにいるかといえば、重層されたメディアの中にいる。乗りものの中ですらメディアは氾濫している。そこにいる人々は、ほとんど例外なく、任意のひとつもしくは複数のメディアに接している。メディアと人間のセットがある。そこにあるメディアにはおのずから限定はあるけれど、どのメディアとセットを作るか、はまったく任意である。特定のメディアと接することを強制されていない。乗りものに乗ることがみずからの意思に反している、というのなら別だが。少なくとも、この状況でどのメディアを選ぶかは自由、選べばメディアと人間のセットができる「セット」といったが、もちろんこれはメディア空間である。お化粧がそうであったのと同じ意味で、それぞれのメディア空間は、閉鎖的で密室的で、したがってヴァーチャルである。

ここまで書いてきたことでおよそ察しがつくと思うけれど、たとえばひとつの車輛の中にありうるメディア空間は、無数とはいわないが、選ぶメディア、組み合わせるメディア、空間の形、内部でのメディア行動のスタイル等々からしてその種類・数は相当なものだろう。あるべきメディア空間を全部数え上げ、分類し、その分布状態を確認すると、相当に興味深い「事実」が浮彫りにされるのではないか（誰かやってみて下さい）。そして、老若男女のいずれもが、ほとんど必ずメディア空間の中にいる。数十分の乗車中、同じ空間に居続けることもある（ミステリーを読みふける等々）。あのお化粧の彼女のように、たとえば三つの空間を交替させる場合もある。三つですまない場合もあるだろう。彼女がふと眼にした中吊り広告をしばし凝視してしまう、というように。そして、メディア空間をどう選び、どう交替させ、どう移行するか。それは、その個人による。自由なのだ。が、メディア空間の種類同様、その交替・移行の頻度・パターンは、無数でも無限でもない。一定の種類とその分布がある。これも調べてみると面白いだろう。ともあれ、選択さるべきメディア空間は複数あり、数十分の乗車の間も人々にはその空間をいくつか交替させる。車輌という物理的時・空の中で、複数のメディア空間が併行して存在し、人々はその異なる、メディア空間を、客観的にみれば、恣意的に選び続ける。メディア空間の複数併行性。

「乗車」とは、いうまでもなく、ごく日常的な行為である。特にこの国の大都市では、この乗車は決して快適でない。その不快を、いささかでも軽減してくれるのがメディア空間のようである。いや、日常的な生活空間とメディア空間とが、ほとんど重なっている、あるいは同一である以上、乗りものの中でもそうであり、メディア空間の選びかた・形成の仕方が、不快を軽減しうるということなのだ。このことは、それ以外の日常的生活空間にもいえる。テレビをみる目的は、しばしば「慰安」なのだから、つまり、メディア空間内にいること、なんらかの内的な必然があってメディア空間を移動することは、いうならば、「生」を刺戟し活性化させ、さらには「生」を安定させる、あるいは「生」の苦悩・苦痛をそらし柔らげる、そういう作用を続けることなのだ。ともってまわって書いたけれど、要するにメディア空間にいるとは、ほとんど「生きる」ことと同義なのだ。お化粧の終わった彼女の表情に、ある種の自足・達成・充実の「顔」をみるのは、おそらくぼくだけではあるまい。

居住空間の中のメディア空間についてふれておこう。すでに別の章で、いうならば典型例を書いているけれど、この章の文脈でもふれるべきだと思うので、簡単に言及する。今や「悪名高き」専業主婦の事例である。ここまでに書いてきた事例と、状況的には対照的だから。夫や子どもを送り出し、リビング・ダイニングの周辺で家事を続ける主婦のほとんどが、テレビかラジオ、もしくはテレビとラジオをつけっぱなしのはずである。この空間でも、メディアは活性状態にある。だから、まさしくメディア空間だ。彼女たちもまたメディアが不活性の状態には耐えられない。だからその空間にいることとメディア・オンとは密接に結合している。同じことといってもいい。とはいえ、他の場合にもあることだが、彼女たちも気儘にテレビをみたりみなかったり、ラジオをきいたりきかなかったり、である。要するに、メディア・オンであればいいのである。習慣的に装着され聴くともなく聴いているウォークマンと一緒である。ごく平凡な主婦だとすると、この状態が昼頃まで続く。メディアをオンにして、その周辺の空間での家事一般という行動が続く。今時の主婦であり、リビング・ダイニングである。家具・インテリア・アクセサリーは、いうならば「オシャレ」、いずれもが実用性を超えたなんらかの装飾性・記号性をもっている。これらは、このエッセイの論理からして「メディア」であり、だから意味でもある。テレビ・ラジオに加えて、おそらく新聞・雑誌・マンガ・書籍もあり、これら狭義のメディアにさらに加えて、メディア性を帯びた「もの」があって、いずれも「メディア」として「作用」している。時あって彼女は、リビングの片隅にある花瓶に挿した花をしばしみつめる。これはなんら実用性のない行為である。その時、彼女の感覚・知覚の中に、広義のなんらかの「意味」が発生している。したがって、花瓶と花は、これまでの定義からして、正確に「メディア」である。もちろん、彼女がしばし眼をとどめ耳を傾けるものは、ほかにもいろいろある。家具であったり、窓外の景観であったり、住居の周辺に発生するさまざまな音であったり、これらのすべてが、あの花と同一パラダイムに属する「意味」を喚起する。かくして、この時間彼女が行動するリビング・ダイニング周辺の空間は、過不足なくメディア空間である。これをひとつのメディア空間とするという考えかたがありうる。と同時に、いくつかの、位相が微妙にずれた、複数のメディア空間が重層している状態というとらえかたもありうる。前者だと、彼女は、ひとつの空間内を時・空的にたえず移動し、それにつれてメディアを切り換えている、という描写になる。後者であると、メディアのひとつに対応したメディア空間があり、それが折り重なり連なっていて、彼女は「空間」から空間への移行をたえず繰り返している、という説明になる。メディア空間の説明・描写として、どちらも有効である。が、ぼくとしては、彼女の心情の移ろい、緊張と弛緩の反復、それらからえられるカタルシス（「生」ということ）を際だたせるためにはメディア空間の重層、そしてその間の移行、という説明のほうが、事態に対してリアルだと考える。したがって、午前中の彼女のリビング・ダイニングには、複数のメディア空間が重なり合って同時に存在している、としよう。

午後、外出する主婦がいる。都市もしくはその近郊の住人ならば、彼女は、現在、これまたある意味で典型的なメディア空間である都市空間に入る。あるいは空間内を移動する。都市空間は、ここまで書いてきたメディア空間とは、次元を異にする空間である。乗りもの自体は、この都市空間と等価であったが、この都市空間（乗りもの）というメディア空間と、個別のメディア空間との構造的・機能的・論理的関係については、くわしくは次の項で書く予定である。ここでは、なんらかの個人レベルのメディア空間を「装着」した彼女が、都市空間という次元の異なるメディア空間の中にいる、中を移動する、そういう関係になっているとしておく。つまり、都市空間が「メディア空間」であるのは、そこに夥しいメディアが装置され、いずれも常に活性状態にあり、人々は任意にそれらのメディアと接触しうるからである。そして、メディア人間である彼女は、ほとんどメディアとして働いている衣服・アクセサリー・化粧を身に着け装っている。そのメディアを「通して」外界・環境をみ、ある種の相互作用をしている。けだし女性同士が出会い、一瞬のうちに相手の頭の先から足の先まで観察し「評価」する、あの視線の交錯を、ぼくはメディア空間の間の相互作用とみるからである。さらに、購入の意思はほとんどないのに、ウインドウを、衣服の陳列を丹念に見続ける行為は、個人的なメディア空間にもうひとつのメディアを取り込む働きであり、換言するとそれまで比較的スタティックであったメディア空間の変態もしくは転移である。

都市空間内での移動や行為によって、社会的・個人的メディア空間のつくる全体が複雑な構造をもつのみならず、それぞれの空間自体が活性状態になり、それ自体の変貌・変態・変質が常態になる。したがってメディア空間間の移動・移行の相対速度が上がる。少なくとも四〇代以下の世代であれば、この移行と速度が快適でないわけがない。都市のターミナルというべきか、郊外のターミナルというべきか、つまりはその接点である盛り場、いやショッピングエリアに、午後の適当な時間に行ってみるとよい。四〇代以下のみならず、六〇代までの女性が、おそらくは専業主婦が、細部にまで神経を使ったオシャレをし、入念に化粧をし、相当に上気した表情で散策しているのに出会うはずだ。「散策」と書いたが、この小稿の文脈からいえば、個人的なメディア空間を担いながら、そこにあるメディア空間と相互作用しているということになる。なにもそうもってまわったいいかたをしなくても、というのももっともだけれど、その彼女らの興奮と充足は、個人的なメディア空間と外界・環境の境界のところでメディアを交替させている。そのメディア空間の一部を開いてメディアを出し入れしている、その行為の連続に由来していることはたしかなのだ。つまり、彼女のしていることは、単なる散策などではない。なにしろ、小さな変化が連続するその行為の各ステップで、広義の、そして多種・多様な「意味」が発生し消滅するという交替が行われているのだから。個々の「意味」の強さ・インパクト、交替の強度は、そこが都市空間的であればあるほど高い。外出したくなる気持もわかるというものだ。「女性の社会進出」を求める心情の中には、男と同等・同質の仕事をというのもあるだろうが、男と同様に家庭の外（社会の）に出たい、という気持が多分に含まれている。そして「外」に出ることの快楽をより大にするためには、「家庭」という「内」が安定的に存在し機能していなければならない……。いわゆるシングル志向・家族否定を主張する人々が、擬似家族とでもいうべきある種の「共同体」にこだわるのもそのせいではなかろうか[15]（余計な話になってしまったかな？）。

外出しない日、みずからテリトリーと決めている部屋もしくはコーナーで、しばしの休息である。書籍・雑誌・新聞・ラジオ等への接触もありうるが、休息に随伴するメディアもやはりテレビなのではあるまいか。こういう状態の時、テレビというのは、実に気のおけないメディアなのであり、いい意味でいってるのだが、「いい加減な」メディアなのであり、大変に都合のいいメディアなのだ。いわゆるマルチメディアやゲームやビデオにさかれる時間は増加しているけれど、CS・BSを含めた空中波テレビへの接触総時間数に有意の減少がみられないのは、テレビのこの気安さのせいである。子どもの帰宅・家事の再開までの数時間、彼女の休息（まどろみもあるだろう）はだいたいテレビとともにある。そういうメディア空間の中にいる。世間の出来事の情報を仕入れ、社会的に「流通」している話題を知り、再放送のドラマを愉しむ、ほとんど意識的にではなく。この空間に、時としてその他のメディアが一時的に入り込むことはある。新聞のラ・テ欄をみたり、雑誌のグラビアに眼をやったり等々。この休息の時も、結局、彼女はメディア空間以外の空間に出る（いる）ことはない。外見上行動が最もスタティックになるにもかかわらず、なるからこそか、彼女はメディア空間の住人であり続ける。このことは、人間の生活空間が必然的にメディア空間であること、少なくとも、メディア空間を含んでいることを物語っている。「意味」をさかしらとみなし、そのさかしらから逃走を企てても、行った先にもまた「意味」がある、ついてまわると以前に書いたが、これはぼくらの「生」が常にメディア空間を条件にしていることと同じことなのだ。

夕方になり、家事が再開され、子ども・夫が帰宅し、食事となり、また家事が続く。彼女の午前中とよく似た状態だ。ただ、ここには、夫・子どもがいる場合がある。いない場合もある。人間は人間にとって「意味」産出・発生の刺戟がある以上、いる／いないの差はある。けれど、この空間の支配的なメディアは、やはりテレビである。そして、いれば家族との会話（というメディア）がある。午前の時と少し違う「空間」構成である。とはいえ、就床時まで、彼女がいるのは、常にはなんらかのメディア空間である。こうして彼女もまた、終日、メディア空間の外に出ることはなかった。そして、その間、いくつかのメディア空間の間を、ほとんど無意識のうちに、あるいは習慣的に、移行し続けている。すでに書いたように、彼女にとってもまたメディア空間にいることが、生活そのものなのだ。

もうひとり、そのメディア空間と移行ぶりを描いてみたいのは、若者だ。六〇年代、「メディア空間」を顕在化させたのは、ほかならぬ若者の「メディア行動」だったのだから。この項はいささか長くなったので、項をあらためて、若者に固有のメディア空間を描いてみよう。

2　メディア空間の諸形態――(2)

人間と「メディア空間」のつくるユニットもしくはエンティティが、たとえていうとなんらかの物理的作用が「実現」している「場」（たとえば、電場、磁場、重力場といったような）にごく近い性格をもつと同時に、外部環境から相対的に独立した「圏」（ある種の動物にみられるテリトリー＝生活圏）とも酷似していること――このことが可視的になり、コミュニケーション行動・現象を考える際のひとつの「現場」と意識されるようになったのは、何度もいうように六〇年代である。ひとつには、さまざまな社会的ニューメディア空間が生活空間にごく普通に遍在するようになったからであり、もうひとつには、これらメディアにたとえていうと「人格」を付与した上で、装置し装備し、これらと新しい関係を作り、そこに人間―メディア系を自立させるという、特に若い世代に固有のメディア観・メディア意識が現われたからである。若い世代のこの新しいメディア意識は、たしかにこの時期のニューメディアに負うところがあるが、六〇年代に先進国に共通に現われた、ある意味での文化・意識革命の結果であった。つまり、文化・意識革命の内実であった人間観・環境観・社会観の変質の一面、あるいはその結果ということ。

　六〇年代にメディア空間が顕在化したのは、こういうことでもあった。この間の経過については、他の小著でも何回かふれているので、ここでは詳述しない。指摘しておきたいのは、右に書いたように、第一にメディア空間は、「場」的性格と「圏」的性格を同時にもつこと、第二にその形成の前提にニューメディアがあること、第三にその形成に先駆的役割を果したのが若い世代であったこと、この三点である。ここでは、その若い世代が作ったメディア空間の典型を描出する。

　六〇年代を表すキイワードを、まず、列挙してみよう。「「政治」の終焉」「高度経済成長」「所得倍増」「先進国の仲間入り」「耐久消費財の普及」「団地というライフスタイルの形成」「テレビの普及・情報の氾濫」「進学率の上昇」「自由・平等の相対的実現」「若者文化の自立」「若者の叛乱」「新憲法の生活意識化」「マルクス主義の退潮」「ニューレフト・フェミニズムの出現」、そして六〇年代末の「環境問題の出現」等々。こうした新事態のひとつひとつは、いうまでもないが深いところで通底している。つまり、事態は「近代化の進行」という文脈の上で生起していた。八〇、九〇年代にこの進行が極限にまで到達し、ぼくのことばでいわせてもらうと「近代化の袋小路」とでもいうべき状況にまで到達する。しかし、六〇年代、事態が継起している時期、各事態がひとつの論理的文脈の上で起こっている、相互に論理的に関連、連結している、すべてが同根から派生しているとは考えられていなかったのではあるまいか。少なくとも現象的には、論理上相反し対立し矛盾することがらの共存という事態が継起し始めていた、「そんなバカなことが」。たとえば体制に異議申し立てをした若者たちはいった、「オレたちは、マルクス抜きでゆく」と。たとえば物質的な生活水準の上昇（所得倍増・耐久消費財購入）をうべないながら環境問題にラディカルな発言するのは、どういう論理構成に基づくのか。たとえばまたあれだけ否定的に体制を批判しながら、その体制の一部である企業に、以前とは違って「就職転向」といった自覚もなく、嬉々として就職してゆく「意識構造」とは、一体いかなるものなのか――ぼくらの世代はその異様に眼を瞠った。[16]

が、この疑問の根っこをさぐってゆくと、どうしても「近代の論理」というべきか、もっと端的に「左翼・右翼のイデオロギー的枠組み」といえばいいか、そういうものに行き着く。つまり「おかしいではないか」とするのは、この枠組みのせいなのだ。だから、枠組みをはずせば、疑問は雲散霧消することになる……。少なくとも、あの時の若者が「自己矛盾」などを自覚しなかったのは、その枠組みが、すでにして彼らの中になかったからであろう。精神構造の中に、この枠組みを内在させているのを「人格」と呼ぶとすれば、彼らにおいて「人格不在」は明らか。思想を身体化しているのが「人間」であるとすれば、彼らは「人間失格」であった。

もちろん、ぼくはそうではない、と思っている。つまり「人間」が、「人間観」が、「人間としての存在形態」が、極端に激烈に変換したとみる。論理的にいえば、「近代」の根本的な変換であり、左翼―右翼のイデオロギー軸の消滅である。イデオロギー軸の消滅が顕在化し現実化したのは、四半世紀後ではあるが（「壁」の崩壊）、すでにしてこの時、彼らの心的構造の中では、軸は消滅していたのだ。この種の変換・変質の兆候は、随所に現われていたのであるが、ひとつだけ例をあげる。あまり的確な例ではないかもしれないが。

生活空間にさまざまなメディアが遍在するようになった、と書いた。生活空間の中にメディアがあるのが当り前という意味でもあるし、その気になれば誰でも新登場のメディアを導入・利用できる、という意味でもある。若い世代の場合、ごく普通に、ほとんど例外なく導入されたのが、まずマンガと音楽であった。マンガのことは後で書くことになる。音楽のことなのだが、高性能で安価でハンディな再生装置の購入が容易になった。当然のことながら、そのソフト（通称、ドーナツ盤レコード）の価格も、たとえば中学生のお小使いの範囲内に入った。もうレコードは、お金持の大人の専有物ではなく、欲しい時に入手可能な音楽源《ソフト》となった。流行歌・歌謡曲・ポップスが主であったから、ソフトは消費財と観念されるようになった。ここで「レコード観」の決定的な逆転が起っていた。それだけではない。

当時、古い「レコード観」の持主のぼくら世代は、LPレコードの登場以来、再生される音楽の「質」を気にし、問題にしていた。「オリジナルと複製」という問題があって、複製はどこまでオリジナルに接近できるか、ある複製はどこまでオリジナルに忠実であるか、に重大な関心をいだいていた。早い話、安価な再生装置ではいい音はでない、と。しかし、六〇年代のメディア技術の進歩は、こうした「オリジナル―複製」神話を無意味にするだけの「力」をもっていた。実際、安価なハンディな装置が、十分に鑑賞に耐える音を出し始めていた。もちろん、装置の性能の上下はあった。しかし、普通の生活環境の中で音楽を愉しむ、という状況の下で、その上下はどの程度意味をもちうるか。実際、若い世代は、そこである水準に達した音楽体験が可能ならば、装置の上下など問題にしなくなった。というか、彼らには「オリジナル―複製」神話などナンセンスだった。つまり、音楽を体験するとは、この世にひとつしかない、至上の価値を有する音楽に接する、というものではなく、生活環境に遍在する音楽情報を選択的意思に従ってとり出しエンジョイすること、そういうものになった。そういう「音楽観」が普通になった。これは「音楽観」の革命的変質であり、「近代」に固有の芸術観の変換であり、ひいては「近代」の人間観の変容を意味していたのではあるまいか。

さて、ここからより核心に近い話に入ることにしよう。若者の個室の多くに、メディアが遍在していた。もちろん、例外的に、昔風の簡素な、「なにも置いてない」部屋もあったけれど。しかし、これとても「なにもない」ことに多量・濃密の「意味」が付与されていたはずだから、「なにもない」わけではなかった。がここではメディアが多量・多数遍在していた個室が問題だ。まず、その景観の描写から始めるべきだろう。

六〇年代後半、一方に『神田川』的世界があったのだろうが、急増した大学生の大半は、ほぼトイレ・バスつきの木造モルタルのアパートの住人になった。現在のワンルームマンションよりわずかに広い空間だった。まず、電話があり、テレビ（モノクロ）があり、新聞とマンガ誌と週刊誌と本が散乱し、壁と天井にはポスターや雑誌から取ったグラビア写真が折り重なるようにはられ、隙間には自分で描いたイラストまでもがあった。もちろんトランジスタラジオは常備され、しばしばレコード・テープの再生装置とセットになっていた。さらに、それまでの学生の机だけの簡素な個室と違い、部屋のアクセサリーであるさまざまな「もの」、当然のことながら実用性皆無の「もの」、「ちょっといいでしょう」ほどの意味をもつ「もの」等々が、あふれていた。整理整頓にちょっと手抜きすると部屋は完全な無秩序状態になる程度に、広義の「もの」が氾濫していた。ついでにいっておくと、部屋のこの景観・構造は、「ニューファミリー」のそれと等しい（後述）。

住人が在室の時、テレビはオンの状態になっている。ラジオも。両者が同時にオンであることを、彼らは異としない。電話がかかってくる。テレビもラジオもオフにしない。食事をはじめとする大半の生活行動に、テレビ・ラジオ・新聞・雑誌・マンガ等への接触が伴っている。その部屋に「居ること」とメディア接触は等価なのだ。各種生活行動とさまざまなメディアとの選択的結合、ある時点・状況でのメディアの選択（複数の場合あり）、メディア内容の選択等々は、少なくとも外部から観察するかぎり任意であり、恣意的にみえる。外的な「力」の作用もしくは強制は確認できない。そして、その時、その時間、日本中にあった無数のこういう個室で、共通するところが多々あって、でも少しずつ違ったことが行われていたはずである。このことからも、外部からの強制はなかったとみていいだろう。ある曜日の夜、特定のテレビドラマをみる、という習慣はすでにあったはずだから、電話がかかってくれば「意思に反して」電話に出なければならない、ある時間帯に聴きたいラジオ番組がない、新聞・雑誌に読むべき記事がなかった——ということはあった。しかし、これに対してメディア接触の自由の制限とか、メディア接触（解読）への「文化的権力」の作用とか、で説明することにどういう意味があるのか、ぼくには理解できない。ともあれ、個室にはメディアが遍在していて、生活行動とメディア接触の極めてダイナミックな相互結合・相互作用・相互補完作用があった。したがって、この個室は生活空間であると同時に、すぐれてメディア空間であった。もちろん、ここまでが生活空間で、ここから先がメディア空間、という構造ではない。両空間は渾然一体なのだ。したがって、生活行動とメディア行動との関係も明確に区分ができるようなものではない。ぼくとしては、だからこそ、これをすぐれてメディア空間だといいたい。

電話の向う側には「人」がいる。テレビには「人」が映り、番組は「人」が制作し送出しているのは明らかだ。レコードには歌い手がいて「作者」がいる。新聞も雑誌もマンガも向う側に「人」がいる。いずれもメディアだから当然といえば当然である。つまり常識的に観念しうることだ。このメディア空間の住人もそう観念していることだろう。しかし、六〇年代後半の、この「彼ら」において注目すべきは、「作り手・送り手→メディア」という論理関係の解釈もしくは認識が、曖昧になっていた、いや意図的に変換されていたことである。つまり、作り手・送り手・メディアは一体であり、メディアは人格化された実体もしくは存在として扱われていたことである。テレビは同居人であり、ラジオはおしゃべり相手であり、新聞・雑誌は世間話の場であり相手であり、電話はサテンでの時間つぶしの相棒によく似ていて、そしてレコードと一緒に歌っていた。作り手・送り手とメディアとの明確な区分などはなかった、しなかった、しないことを選んでいた。巨大な都市社会の中の、個人を単位とした生活の必然的結果であったのかもしれない。あの時ぼくは、このメディア空間に「近代の終着駅」をみていた、と思う。つまり、人間とメディアは無限に融合し、一体化し、メディアが「人格」を所有すると観念され、両者は範疇的に同じものになってしまう。先にも指摘したことであるが、これはメディア観の変換であると同時に、人間観の変換でもあった。

「目的」と「手段」との関係、人間によって「創造」され「利用」されるものと「利用」によって達成・実現される状況・事態との関係――これら関係について、「近代」は目的合理的な観念を、合理的かつ自然的なものとして、もっていた。人間とメディアの関係も、当然この文脈に属し、メディアはあくまでも「手段」のパラダイムのものであった。これに対し、六〇年代の若者の「メディア観」「人間観」は、右の論理関係の否定と、まったく新種の「人間観」「メディア観」の、いうならば出現であった。彼らにおいては、すでに「近代」は終焉していた、いやもう意味をもたなかった……。少なくともぼくは、メディア空間の、この六〇年代の本格的な形成は、「近代の終焉」と深いところでつながっている、と思っている。もちろん、人間は文化をもった時から、広義のメディア空間の住人であったのは事実であり、六〇年代のそれは、いうならばポストモダンのメディア空間であったのだ。そういうメディア空間が、六〇年代に形を顕わにし、可視的になった。

　人間観・メディア観の変換と、換言すればこのメディア空間の特性を、もっとも端的に表象していたことばがある。大学紛争は、近代の大学教育のシステムを根底からゆるがした。だからたとえば、教師と学生の関係も変わったからだろうと思うが、紛争のさ中、ぼくはしばしば学生の個室に「招待」された。そこでみたのは、まさに右に書いてきたようなメディア空間であった。その部屋の景観を最初にまのあたりにした時、ある激しい衝撃を受けた。すでに描出したように、そこには実用性と無縁の「もの」が氾濫していたのだから。ぼくの固定観念の中にあった「学生の部屋」のイメージとは、もうほとんど別物といってよかった。机と書棚（ミカン箱その他を転用することもあった）、壁には名画の複製、あとはごく粗末な自炊道具だけという「空間」。これがそれまでぼくの観念の中にあった学生の私室のイメージである。何と違うことか。ぼくはつぶやいたものだ、「これは一体、何だろう?」。その一瞬、その空間が「部屋」であることを忘れてしまった。だから「これ」なのであった。「端的に表象していることば」が、このぼくのつぶやきへの答として、その空間の住人の口からもれた。「部屋は、ぼくの自我そのもの。ここにあるものは、ぼくの自我の内部にあるものと、いちおう対応していると思う」。衝撃的だった。まず第一に、彼の意識の中で外部環境＝外界との境界が消滅している。自我は部屋にまで拡大したか、部屋が限りなく自我内部に入っているのか。これは、それまで社会学・社会諸科学がイメージしてきた「近代的自我」とはまったく違う。まったく異質な自我イメージ（概念とまではまだいえない？）である。これを、ごく平凡な学生が口にしている、事態はすでにそこまで来ているのか。第二は、部屋の構成（？）というか、混乱・乱雑ぶりというか、そういうものと自我（の構造）との対応関係についての彼のイメージ。フロイドの自我構造論をベースにして構成された「近代的自我」の構造とは、これまたまったく別の構造。部屋の乱雑と対応しているのであれば「構造」というパラダイムが適当かどうかと考えざるをえない自我像である。この自我（の構造）は、構成性・階層性・秩序性をほとんどもたない。そういう自我もありうるのか、こういう自我の存立・持続は本当に可能なのか。もし、これが事実であるとすれば、「人間」というパラダイムの根本的な組み換えを要求していることになる。もうそこまで来てしまったか。

いうまでもないが、すでに指摘したようにここは典型的なメディア空間でもある。右に書いたことは、メディア空間の内的構造の特性を示していると同時に、その住人の（メディア）意識、いやその「人格的」特性をも明らかにしてくれる。本項の冒頭で、この空間の構成要因の主なものをいくつか列挙したけれど、住人を含めてこれら要因のすべてが一体であり、かつ主体が無限に膨張し環境が無限に内部に浸透しているわけだから、まさに渾然一体、それ自体がひとつのエンティティを成している。あえていえば、すべてがメディア（汎メディア状態）であり、それらメディアが中心や特異点なしのネットワーク状を、リゾーム状を成している。したがって、蛇足ながら複数メディアに同時併行接触など、ごく自然なことなのである。さらに、住人はどこまでが「自分」で、どこからがメディアなのかわからない、いやその境界などないと考えている。自我意識とは、その網目上で、ある瞬間活性状態になる領域のことをいう。どの領域部分が活性状態になるかは、ネットワークに組み込まれている社会的メディアの端末の状態や、このメディア空間の置かれた、ある瞬間の、社会的状況や、自我意識に含まれている自意識の核の部分の「気分」や、による。だから、事前に予測できる場合もあれば、まったく任意に活性領域が移動しているようにみえる場合もある。メディア空間で、あるテレビ番組がオンの状態で住人がその番組に「ハマッテ」いる場合が前者で、ケイタイをしながらテレビ、それが終わって音楽を流しながらパソコン、次に夕刊を読みながらまたテレビといったような場合が後者。もちろん、この時期にパソコンはなかったけれど、オーディオ再生装置は、若者の場合、現在のパソコン並みに普及していたから、装置と戯れながら音楽を聴く状態と考えてもいい。このほかに、すでにこの時期接触頻度の高かったのはマンガ、これは現在でも変わっていないだろう。

自我の構造がネットワーク状で、しかもメディア空間と有機的な結合状態にあるわけだから、自我はネットワーク状態のまま、ごく自然に「外部」と連続している。先に「社会的メディアの端末が自我に組み込まれている」と書いたが、ゆるやかな形だけれど、構造的に連続している、と換言できる。メディアとの境界が「ない」のだから当然である。「連続している」という命題はマクルーハンの「メディアは自我を拡張する」という命題とコロラリーを成している。マクルーハンの命題は、こういう形でも現実化したのである。

若者のメディア空間は、「外部」環境となめらかに連続していた。これは、この空間の最大の特徴である。しかし、同時にこの空間は孤立している。構造的には連続していたけれど、彼らはしばしば意図的・意志的に「外部」とみずからの「個人的メディア空間」を切断するからである。機能的にみると、連続の状態の時と切断の状態とがあった、といういいかたもできる。

彼らは、一般にメディアやメディア的なものに「寛容」である。要するにメディア好き。しかし、大好きでインティメイトなメディアがあれば、あまり好きでないメディアもある。六〇年代、現にマンガ嫌いがいた。今だとケイタイ嫌いにパソコン嫌い。メディアの好悪には個人的な差がある。だからあるメディアとの関係が切断の状態にあることなど、しばしばである。のみならず大変にインティメイトなメディアが提示する情報・記事・番組・作品・ソフトのすべてを受容するわけでもない。気に入らなければ拒否する。彼らのメディア空間にセンサー（濾過装置）が装備されていて、彼らの意思に忠実に作動する。ついでにことわっておくと、この装置には、増幅と（意味）転換と発信の機能もある。あるメディアの特定のコンテンツ（流行語だ、たまには軽薄に）が拒絶された場合、構造的連続性も一時的に失われる。さらに、ある情報内容が意味転換され、送り手が意図していた意味の伝達が不能になってしまう場合、連続性は破綻したとみるか、維持されているとみるか。[17]いずれにしろ、このメディア空間と外部との連続と切断は、不断に繰り返されている。場合によっては、連続と切断が同時に行われているかにみえることすらある。これは、この空間のもうひとつの特徴である。ついでに書いておくと、この連続と切断の同時存在、ちょっとことごとしく表現すると外部性と内部性の共在は、この空間がもはや「近代」には属さず、ポストモダン的であることを物語っている、とぼくは考える。

そして、この若者のメディア空間のもうひとつの特徴は、その「移動性」である。空間内での接触メディアの絶えざる切り替え、換言すれば複数あるメディア空間の交替は、ある種の「文化圏移動」である。[18]が興味深いのはその先である。ここまで彼らのメディア空間をその個室・私室に固定されているかのように書いてきたが、前著で書いた「ウォークマン・メディア空間」の文脈と重ね合わせて考えると、彼らの空間は、一面で物理的であるが、他面では大変に心理的である。つまり「ウォークマン・メディア空間」は、先に指摘した個室・私室の複数メディア空間のひとつ、ある「メディア空間」がいくらか変態して、物理性を否定し、個室の外部に出た。彼らは、その空間を着用したまま公共空間を歩き、乗り、佇む。移動状態になる。しかし、すでにあげたこのメディア空間の特性のすべてがまったく損われていない。装置性、孤立性、連続と切断、センシング、増幅、転換等々の働き・特性はすべて維持されている。つまり、彼らにおいて、個室に固定されているメディア空間も、この「移動性メディア空間」も、メディア空間として等しい。そして、「ウォークマン・メディア空間」も、「雑誌・文庫・本メディア空間」も、「お化粧メディア空間」も、「マンガメディア空間」も、すべて等しい。個室にあった個別のメディア空間が移動性になっただけなのである。

最後にもうひとつの特徴。ここまで孤立性という特性を表わす概念を使ってきた。孤立性の含意で十分なのかもしれないが、念を入れていっておくと、比喩的なのであるが、このメディア空間は相当に硬質の被膜におおわれている。(19) この被膜が軟化する、溶解する、あるいは内部から開かれて、他者を迎え入れる、他者の空間と接続・合体するということは、まったくないといえないが（『二人の世界』『世界は二人のために』！　ちょっと古いかな）、ほとんどないといっていい。孤立性をいい換えれば閉鎖性である。彼らも「集団」をつくることがあるけれど（大規模のものとしてはコンサート、「マーケット」等々）、ほとんどの場合、一人ひとりは閉じた空間にいて、一定の距離を保ちながら、同一物理空間内に点在しているだけなのだ。むろん、この空間がひとつの「振動」に合わせて共振・共鳴することはある。しかし空間は閉じられたままだ。「シラケつつノリ、ノリつつシラケル」。このことばは六〇年代にいわれたわけではないのだが、ことばはともかく状態はすでに存在していた。孤立しながらも同じ振動に「ノル」こと、このことばはいいえて妙、といわざるをえない。そして、この状態は、現在も健在である。例のことばは、けだし至言なのだが、やはり流語、もうあまり使われない。ところでこの集合形態は、いわゆる「大衆社会論」が定義した「集合」でも「群衆」でも「大衆」でもない。これまた、ポストモダンと規定すべき「集合状態」と、ぼくは考える。どうやら、若者のメディア空間に関しては、六〇年代にすでにポストモダンが始まっていたようである。

この時期に顕在化したもうひとつのメディア空間は、いわゆる「ニューファミリー」のそれである。最後に、そのユニークなメディア空間を描いておこう。

3　メディア空間の諸形態――(3)

「ニュー・ファミリー」とは、いわゆる団塊の世代、ほかにいくつかあげるとビートルズ世代、全共闘世代、アメリカ流にいうとニュー・ブリーダー、この世代が社会人になり、結婚し、世帯をもち、子どもが一・二人生まれて形成された「家族」に対する、当初はマーケッティング用語であった。何しろ「団塊」で数が多い。それが家族生活を本格的に営み出せば、耐久消費財、家電製品、家庭用品、食品、その他、厖大な消費が見込まれた。いや見込まれたのではなく、現に発生した。「何を」はともかく、どう「買わせるか」は、当然のことながら、マーケッターの関心事、というかむしろこれを考え実行するのは、彼らの役割であり、「義務」ですらあった。かくして非常に意識的なマーケッティングが展開された。そのマーケッティングのキイワードとして作られたのが「ニュー・ファミリー」である。キャッチコピーでもあった。結果からすると、どうやら大変な威力を発揮したようである。おそらくマーケッターたちは本能的ともいえるその嗅覚でさぐりあてたと思うのだが。その厖大な彼らはそれまでの家族とは相当に違ったライフスタイルを形成していった。そのスタイルが、ある独特な色と形と質をもった「製品」を需要したのである。そこにある意味での画一性があり、されぱこそ消費量は巨大になったのであった。マーケッターにしてみれば「してやったり」であったと思う。しかし、そのライフスタイルのユニークさが「ニュー・ファミリー」をマーケッティング用語から、あるライフスタイルを示す「学術用語」（ちょっといいすぎか）に格上げした。

一九四七・四八年生まれの彼らに、もうひとつ名前をつければ、「純粋戦後世代」である。これにも、単なる名称に止らず、「戦後教育の申し子」という含意がある。彼らが全共闘だった時、ぼくは大学側のひとりとして、しばしば彼らと交渉をもった。交渉などではなくケンカ腰の議論に終始したわけだったたが。その時の感想のひとつ。彼らは、「日本国憲法に書かれていることは、戦後日本が実現・実行すべき価値である」という命題を認めず、憲法の各条文は、自分たちに役に立つのなら利用してかまわない（「そんなもん、役に立たなければ捨てればいいじゃんか」！）約束事とみなしていた。だから憲法が体現している諸価値はあって当然なのであって、今更獲得すべきものでもなかった――これは、ぼくらの世代、あるいはぼくらの次の世代までの憲法観とまったく対立しているといってよかった。憲法観に止らない。彼らの生活価値観、いい換えれば独特の相対的価値観もまた、ぼくらと、いやそれまでの社会的通念と決定的に対立していた。たとえば、全共闘運動そのものが歴史的な学生運動の思考と行動から大きく逸脱していて、しばしば大学当局を戸惑わせた。

ジャーナリズムや世論は、彼らの思想と行動にシンパシイを感じていたらしいけれど、彼らの本当の姿を知っていたのだろうか。ともあれ、その程度にユニークな生活・価値意識の持主であった[20]。

だから、彼らが「ニュー・ファミリー」というライフスタイルを形成した時、マーケッターの誘導にそのまま素直に従ったとは到底思えない。あのライフスタイルには、彼らの主体的（主観的？）生活観・価値観の具体化・具象化という面があった。「「ニュー・ファミリー」とは、新憲法のライフスタイル化である」という有名な命題は、彼らの思想と行動を認めるか否かにかかわらず、大方の認めるところだった。要するに、彼らは必ずしもマーケッターのいいなりではなく、みずからの意思の実現として、あのライフスタイルのある部分を形成したのであった。したがって、あのライフスタイルを構成する多くの部分が彼らの内面の意識と対応していた[21]。

ここでの主題は、いうまでもなく、「ニュー・ファミリー」の「メディア空間」の特徴である。しかし、その特徴を知る上で、どうしても前提になるのが、そのライフスタイルの描写である。いや、ライフスタイルを描くことは、大変ストレートにそのメディア空間を把握することにつながるはずなのだ。ぼくは、全共闘には、ひどい目にあわされたと思っている。個人的なことを書いても仕方ないが、研究生活上、致命的な被害を受けている。ぼくの、いうならばかなり基本的な人権を侵害した根拠も彼らに固有の価値観にあった。そんなこともあって、彼らの「行く末」には一方ならぬ関心をもっていた。彼らが「ニュー・ファミリー」なるライフスタイルを形成しつつあると聞いた時、その実態（実体？）をみたい、と本当に思った。あの特異な「価値」は、現実の生活の中でどう具体化してゆくのか!?

大変幸運なことに、知り合いの所属するシンクタンクが、「ニュー・ファミリー」の生活実態・意識調査をしたと聞いて、その調査結果をみせてもらった。その結果は、ある意味で大変に刺戟的だった。以下、ぼくの感慨の次元で、調査結果を紹介してみよう。

調査担当者曰く、「「ニュー・ファミリー」の生活意識調査のデータの分析結果を数字で読むより、この写真をみるほうが余程面白い。いや、写真をみるだけで、実態は九割がた把握できる。これこそ、彼らのライフスタイルの最大の特徴ですよ」と。まさにそのとおりだった。写真とは、彼らの生活空間の内・外部を写しとった数十枚である。一群の写真には住居・部屋の構造というより、まさにインテリアが写っていた。ぼくの最初のひとことは、「なんだ、あの時の部屋の様子とまったく同じではないか」であった。そう、大学紛争時、たまたま行った学生のアパートの一室の景観と、写されているニュー・ファミリーの部屋の景観とは、まさに相同・等価であった。もちろん違いはある。ニュー・ファミリーのほうは、七〇年代中頃から作られ始めた上質の公団住宅か、集合住宅の域を超え始めたマンションである。部屋は広くなり、内部にある家具・調度・インテリアのたぐいが、ツーランクか、もっと上のランクに属するものになっている。「これは……」と眼を瞠る高価そうなものまでがある。しかも、家具・インテリア類の色調が「調和的」である。白か、パステルカラーに、統一されている。こういう感じを調和しているといっていいものかどうか、ぼくにはひとつ疑問ではあったのだが。しかし、「統一」されているのは事実だ（あの時、「統一」をあんなに嫌っていたのに!)。それにしても、なんで白かパステルカラーなんだ? もっとも、一〇年後には黒になるんだけれど。ともあれ第一に、ことごとに蕉雑だった団塊=全共闘世代、アナーキーな全共闘運動、その時の大学の「一面の荒野」という雰囲気等々は、白・パステルカラーとは、いかにもちぐはぐで唐突で異質で、いっそ異様で、であった。ぼくはある種戸惑いを感じた。

が、第二に、しかしなのだ。「調和」「統一」はそこまでで、部屋は、あの時そのままに、雑然、無秩序、アナーキーであった。「どうやって掃除するのかな」「そのための特殊な道具があるんですよ」。そういえば七〇年代、掃除機にはヘンなアクセサリーがたくさんついていたな。部屋の雑然ぶりのほうは、全共闘運動を彷彿させた。つまりは、調和と無秩序の同時存在・共在。ニュー・ファミリーは、「全共闘」の「進化」したスタイルというべきか。いやそうではなくて「三つ児の魂百まで」というべきか。少なくとも、伝統的な日本の家屋・住居・部屋の感じと、まったく対照的・対極的であった。「これが人間の住むところか、っていうカンジですな」という年輩の調査スタッフの感想はあって当然と思った。ニュー・ファミリーのスタイルは、それまでの生活・住む・家屋・部屋といったパラダイムを根底から否定し、まったく別のパラダイム構成を主張しているかのようにみえた。全共闘運動の「現場」にずっとつき合わされたぼくにしてみると、たしかに驚きではあったが、「やっぱりなあ」という感じも同時にあった。「彼らが家庭を作れば、こうなるのも不思議ではない、か」。

全共闘だった頃の彼らの私室についての説明はすでにしている。その分析・説明のすべてが、ニュー・ファミリーのあの住居・部屋・インテリアの説明にあてはまる。結論をいえば、この空間も何よりもまずメディア空間なのであった。部屋と部屋を構成するほとんどすべての「もの」が、狭義のメディアはいうまでもないが、「もの性」を著しく稀薄にしながら、その分、メディア（＝記号）化している。したがって、すべては、メディア・記号として、パラダイム構成をもち、サンタグム（文体）を構成している。「もの性」による「もの」の配列という立場からすれば、その構成は構成・構造などではなく、無秩序・混沌でしかない。しかし、メディアのサンタグムという文脈からすれば、調和と秩序があることになるのだ。実際、彼らの住居を訪問したことがあって、「汚いなあ、それに目茶苦茶じゃないか。少し整頓でもしたら」というぼくのことばに対して、「どこが汚れているっていうんですか。キレイですよ。それに、ここに秩序がないっていうけど、それぞれは決まったところに置いてあるんですから」という台詞がかえってきた。つまり、メディア空間として、彼らにはこれでいいのである。「記号」として有意味のサンタグムを構成し、「メディア」としてあるべき環境を形造っているのであった。

かつてのあの私室・個室との違いについては、すでに指摘したけれど、もうひとつ付け加えると、かつてのメディア空間を構成していたのは、なんといっても、狭い意味のいわゆるメディアであったのに対し、ニュー・ファミリーの部屋では、狭義のメディアのほかに、「もの」のメディア化が決定的に進行し、部屋の「メディア密度」は確実に上昇していた。したがって、そこでのメディア空間の重層度も高くなっている。ありうるメディア空間の数も増え、複数「メディア空間」の同時存在の頻度も増加し、「メディア空間」間の移動のパターン・スタイルも多様化しているらしい。これらいずれも、一瞬の快い緊張をさそうから、ニュー・ファミリーの部屋の居心地は、少なくともその住人たちにとって、より快適なものであったはずだ。彼らにとって、生活とは、こうした数多くのメディアに接触し、それを体験し、意味作用を持続することにほかならない。接触メディアの選択の幅の拡大、意味作用の任意性は部屋を一眼みて間違いないから、ここでメディアの「力」「権力」、メディアの「文化帝国主義」（どうしてこういう用語になるのかぼくには理解できない、形容矛盾の典型じゃないのか）の「力」などが、有意味に作用しているとは、とても思えない。七〇年代以降にもしばしばみられる大量社会現象も、ある超越的な「力」が特定のベクトル成分をもって作用した結果でもないし、現象発生の過程で人々の間に相互に影響し合う作用があったからでもない。個々人の任意性の高い選択的行動が、予定調和的に結果として一致してしまう、これが大量現象成立の仕組みだ、と年来ぼくは思っている。こういうメカニズムが働いているのが、「現代」であり、このメカニズムの分析的考察はまだないが、これがポストモダン的なことは、まず、たしかである。ニュー・ファミリーの「画一性」はこのメカニズムを可視的にしたのだ。

話をもどして、ニュー・ファミリーの作ったメディア空間は、現在、ぼくらが眼にし体験している空間とほとんど同一のものであるか、大変に酷似したものであり、そうでないにしても、今のぼくらの空間の祖型であることに間違いない。いうならば、ポストモダンに属するメディア空間は、このニュー・ファミリーにおいて本格的に成立・形成された、といって過言でない。

ニュー・ファミリーのライフスタイルを写した写真の中に、もう一群の興味ある写真があった。家族で外出している時のそれ。夫婦に幼児、幼児は例のバギーカーに乗っていて、夫婦が手をつないで押している、背景は、どうやら原宿周辺か、原宿によく似た景観の街。そして印象的なのが、夫と妻と幼児のファッションが相同で、ジーンズ系統のもので統一されているという点であった。しつこいようだけれど、全共闘運動を内側からみていたぼくには、印象的というよりも衝撃的であった。何故なら、彼らは、あの運動の時、「運動は、孤立した個の自由意思、個人的選択から始まる。同じ行動をするのは、結果がたまたま一致したにすぎない」といったものだ。この何枚かの写真の一致と同じことなのかどうか。ぼくにはこの両者が一緒とは思えなかった。あるひとつの「意思」が、その三人の佇いを決定し支配している、とみえた。つまり、あの時とは反対のことがそこにある、としか思えなかった。

これを解釈してみよう。彼らは、社会に対するプロテスト、政治状況に対する意思表示、大学・教育・教師に対する抗議等の運動において、「戦後民主主義は虚妄」としながらも、個の孤独な意思決定が出発点だとした。他方、数年の後、社会的・生活的な場面においては、なんらかの「超越的」な意思による支配をうべなった。ただ、この意思は、限りなく美意識に近い。要するに、政治・社会思想の文脈では（日本的としたほうがいい）個人主義、日常性の文脈では「超越的」な意思の許容、という価値的二元論の立場にあった。彼らが、どこまで「近代」を容認していたか、という問題があるにしろ、片脚ぐらいは「近代」にいた彼らであれば、この二元論をとがめだてするいわれはないと思う。もちろん、論理的には、二元論は直ちに多元論・相対主義に発展（いや変形か）してゆく。実際、ニュー・ファミリーが話題になっていた時期、少なくとも風俗・慣習・日常生活の文脈ではっきりしていたのが、価値の多様化であった。この多様化は、生活意識に限定されていたのか、それとも社会的・政治的意識や行動の文脈にも波及していたのか、興味のあるところだ。実際は、「みんなが同じものを欲しがる時代はもう終った」というほどの意味で使われていた。この「みんな」の中心にいて多数派を形成しているのが「ニュー・ファミリー」であり、彼らがあの闘争の時、個人主義であったことを考えると、「価値の多様化」は、本当は思っていた以上に、間口も広く、奥行きも深かったのかもしれない。個人主義と二元論・多元論・多様化・相対主義とは、イデオロギーとしても、ライフスタイルとしても、陸続きでごく近いところにあるはずだから。

話をもどそう。インテリア・家具・什器の白もしくはパステルカラーによる「統一」、彼らによれば秩序であり調和である雑然・混沌、メディアの導入と非メディアのメディア化、そして男・女・子どものファッションの統一というライフスタイルは、つまるところは、その美意識の表象であり、その美意識とともにあったのは、価値の多様化・相対化であった。写真の親子三人のあの構図は「生活性」とでもいうべき点で何かが欠落しているように思える。おそらくそれは、あの部屋を成立させていた「メディア空間」が、多少の変形を伴いながらも、ほとんどそのまま街頭化していたからであろう。原宿（的なところ）を歩くのも、同じファッションなのも、ジーンズでコーディネイトしているのも、すべてがメディア行動であった。換言すれば、ニュー・ファミリーの全生活空間の九割がたがメディア空間であった。もちろん、あの空間の写真が物語っていたのは、そこが百％メディア空間であることだったのだが。

八〇年代になって顕在化する、いわゆるオタクの個室の構造・構成・装飾性、ゲームに没頭する若者たち、あるいはオタクそのもの――これらイッシューは、「ニュー・ファミリー」のライフスタイルと隣接している。より純化というか、著しく進化というか、あるいは徹底化というか、そう考えてもいい。のみならずこのメディア空間の延長線上には、「マルチメディア」「ヴァーチャルリアリティ」「インタネット」「ヴァーチャルスペース」「電脳空間」等々のパラダイム群が形容語になるはずの、「人間―パソコン系」を核にしたメディア空間がある。したがって、この議論の次のステップは、このメディア空間の描写ということになるだろう。が、それは稿を改めてである。

とりあえず、ここでは、五〇、六〇年代の「メディア革命」のひとつのゴールが、ニュー・ファミリーのメディア空間であった、を結論としておこう。右に書いたことでも明らかなように、現実はここで終わったわけではなく、ニュー・ファミリーの「メディア空間」とその次の段階のメディア空間（たとえばオタクのそれ）とは、ごく自然に連続している。したがって、ニュー・ファミリーのそれをひとつのゴールとするのも、多分に恣意的である。当方の議論のしやすさという都合で、とりあえずのピリオドを打つにすぎない。

註

（1）少なくともギリシャ以来今日まで、「科学の限界」で超えられないものはなかった。この三千年来の経験に基づくと、現在の「限界」もいずれは超えられる、とするのが常識かもしれない。しかし、他方、人間の認識・思考力が無限ではなく、現象を観察する手段に限界があるとすると、解明さるべき現象・事象は残っても、もう科学的認識・思考は及ばない。つまりは「科学の限界」なるものがある、ということも極めて論理的な結論にならないか（J・ホーガン、竹内薫訳『科学の終焉』徳間書店参照）。

（2）今にして思うのだが、その高名な哲学者は、マルクス派の哲学者だった。記号にも、物質基礎があるわけで、その基盤から遊離して記号が勝手に運動することなどありえなかった。しかし、記号がおりなす現象・現実・領域は確実に存在していた。もちろん、それらは本質的なものではないとされていたから、「補助的」なのであった。この時期すでに、分析哲学・論理実証主義・記号論理学の研究は進んでいた。この派に属する哲学者にとっては、「記号の科学」は補助的ではなかった。しかし、八〇年代にもてはやされたソシュール言語学・構造主義を原理とする記号論・記号学は、その時期はまだ「公認」されていなかった。

（3）すでにあちこちで指摘してきたことだけれど、六〇年代に起こった社会・文化史的でかつ思想史的な大転換は、十分に考察に値すると思うのだが、納得のいく研究成果にはお目にかかっていない。これを実行するのは、あの時の主役たち（団塊・全共闘世代、ニュー・ブリーダーたち）だと思うが、彼らは、あの時を語る時、何故、過剰に感傷的になるのだろう？　そのせいか、彼らは、このテーマに決して本格的にとり組まない。

ぼくの思うに、八〇年代の「崩壊」の本当の歴史的意味を説明するためには、六〇年代の変換の意味の正確な把握が前提になるはず。個人的な好みかもしれないが、ぼくは『六〇年代の総括』を読みたい。

（4）マスコミの欠陥を一方向性、受身、画一性等々で指摘し、コミュニケーションの理想的な形は、人格間の一対一コミュニケーションであるとする議論は、本文でも指摘したとおり、自己矛盾におちいっている。論理的に一貫させたければ、マスコミをコミュニケーションとしなければいい。コミュニケーションでないから欠陥があるといえばいい。考えかたとしてのマスコミ欠陥指摘はあって当然である。問題は、自己矛盾に気付いていない点にある、というのがぼくの見方である。

（5）　この変容は、コミュニケーションの形態のみならず、コミュニケーション観の変換を含んでいた。さまざまな情報新技術・装置が原因となって変容が起こるわけだけれど、コミュニケーション空間の構造を変えた（受容）のは、コミュニケーション観でもあった。形態と観の変化の因果は、相互的であった。

（6）　ミードの“universe of discourse”という表現に最初に出会ったのは、大学生の時だった。「なんか、オーバーな表現だな。これがアメリカ流なのかな」と思ったのを記憶している。翻訳以前のこととて、「日本語にしたら、どうなるんだ」と思い悩んだ。うっかり直訳したらワケがわからなくなる。あの難解を極めた著書を読み進みながら、ミードが「コミュニケーション」という人間の行為を、人間的なものとしていかに重視しているか、人間にとって、人間の心と精神にとって、社会と文化の形成にとって、「コミュニケーション」を決定的な規定要因とみていることがわかってきて、最初「なんとオーバーな」と思った表現にも、少しずつ納得していったように記憶している。今となってみれば、“universe of discourse”を、ごく気軽に「コミュニケーション空間」と訳せる。「時の流れ」ということもあるような気もするが。

（7）　ここでひとつ感想。二〇〇〇年三月『二一世紀の放送・メディア研究の課題』というシンポジウムに参加した。報告・発言者はいずれもこの分野のエキスパートたちだった。ぼくにとって非常に「感動的」だったのは、冒頭の各報告、その報告の補足の各発言の中で、報告者たちが、ぼくを除いて「コミュニケーション」を使わなかったことだった。ぼくは、いうならば「モノスゴク」感動して、発言の中で「コミュニケーション」が「消滅」した感動を語ったのだが、報告者も聴衆も、ほとんど反応してくれなかった。「ははーん、『コミュニケーションの時代』は終ったということなのだな。ぼくの感動など、今更、何を、なんだ」と、この無反応もまた、ぼくにとっては「感動的」だった。六〇年代、「コミュニケーション」という観念形態と悪戦苦闘したことなど、今や単なる思い出話、理論的にはもうなんの意味もない。「変化」「変革」など、時至れば、あっと思うまに実現してしまう。

いうまでもないと思うのだが、あえていうと、報告者のイメージの中にあったのは、「コミュニケーション」ではなく「メディア」。表出―伝達―接触・享受という一連のプロセスに「コミュニケーション」概念はもうふさわしくない……？

（8） マンガの過熱かつ逸脱的表現、ワイセツで暴力的な絵とことば、これらの抑制については、「言論の自由」を主張する進歩派からの要請がしばしば出されている。しかし、実際に抑制するとなると、国家権力によって規制するか、自己規制するかしかない。マンガ雑誌にしろ、コミックにしろ、情報・メディア商品であるかぎり、競争は不可避であって、したがって自己規制はほとんど実効性をもたない。となると国家権力による規制しかなくなる。国家権力がこの種の規制にいかに恣意的であるかは、経験的に明らかである。かくして「言論の自由」派はジレンマにおちいる。ぼくは、広義の流通ルートのどこかに、抑制装置を仕掛けるしかない、と思っている。もし規制が必要ならば。

（9） この個人に所属する「空間」も、個別の社会に属している人間がいて、しかも「生活」があるわけだから、「空間」には、ぼくのいう「場の潜在的・顕在的ベクトルとしての文化」、「普遍としての文化」が浸透している、あるいは定在している、のはたしかである。しかし、同時にここは「私室」である。彼（女）にのみ固有の広義の行動様式も存在している。実に些細な話なのだが、彼（女）が個室で音楽を聴く時、その音量は、上下・高低にある限界をどこまで意識的かはわからないが、設定していた。この音の限界は、「私的な文化」というしかない、とぼくは考える。

（10） この部分の議論は、本章の冒頭に書いたことと関連している。社会的メディアがつくる「社会的メディア空間」がある。前章で、不十分ながら、描いたように。他方前著の終結部《フィナーレ》のとこで指摘した「人間とメディアのユニット」というパラダイムがある。これは、「個人とメディアが合体している」というイメージを含んでいる。つまり、個人が個人のまわりに構成する空間、自分一人しかいない空間、個人とメディアの結合状態等々もまた確実に存在して、これらは強く自立的・自律的で、独自性をもっていて、いうまでもなく必ずメディアとともにあるから、「私的メディア空間」である。社会的メディア空間と私的メディア空間の構造（＝関係）、その差異をどうとらえるか、という問題がある。本章は、その問に対する、ぼくなりの解答の試みである。

(11)「メディア空間」の構造は、社会的であれ、個人的であれ、多次元的である。しかもその次元の数も既知ではない。三つ以上であることは確実。だから「多次元空間である」というのが、一番正しい。それを二次元のチャートや図にマッピングしてしまう。乱暴な話だと思う。

(12) 女性の化粧は、男の想像力を刺戟してやまないところがある。もちろん「楽しい」想像も数々あるけれど「粧う」あるいは「装う」時の女性たちの意識の移ろい（あるはずだと信じたい！）、着実に変貌してゆく「自分」を見続ける「気分」など興味津々だ（こういういいかたは、やはりセクハラ的なのだろうか）。そこから始まって、想像力は、そもそも人間は何故装うのか、に向ってゆく。こうなると女性にのみ、の問題ではなくなる。より普遍的に「装う」「粧う」とは、人間にとってどういうことか。

(13)「論理的に成り立たない」といった時の「論理」は、本文にあるように「近代の論理」である。この「論理」と相容れない・対立する・論理を否定しているという事実が存在する。事実にプライオリティをおけば、この「論理」は成立しないことになる。つまりこの事実を説明するまったく別の論理が必要になる。それは「近代の……」ではない。おそらくその別の「論理」は、今までとは別の人間観を含んでいるにちがいない。

(14) ケイタイがメディアであることは、まず間違いない。が、若者がケイタイを扱う扱いかたをみていると、もちろん個人差はあるのだが、非常に奇妙・奇怪・不可解な印象をもつことがある。一時間も着信がないと妙な不安感をもつ、独特の愛玩物のごとく扱う（身体の一部のように）、ほとんど使わないアクセサリーを競い合う、新製品が出るたび買い換える（性能が違うのだろうが）、その都度番号を変えるのが気にならない等々。ケイタイは、ツールなのか、ガジェットか、それとも幼児の「宝物」か、このいずれであっても、だからメディアということになる。

ケイタイというもの、このものと人々の意識の関係は、知的に刺戟的なところがある。分析的に考えてゆくと、興味あることがらが続出するのではなかろうか。

(15) ある世代から下にみられるライフスタイルの特徴を説明し、しかもその様相を描く際に、メディア空間への願望、求めているメディア空間の形や種類、メディア空間を交替させるスタイル等の要因を独立変数的に使うと、説明・描写がわかりやすくなる。つまり、端的にいってしまうと、彼らのライフスタイルを大きく決めているのはメディアである、ということなのだ。

(16)　全体としては「異様」でも、個々の事態の根っこは「近代」にあった。「近代」の特定部分を「孤立」させて延長するとその事態になる。どうやら「近代」は、論理整合的には出来ていなかったらしく、その事態たちは、しばしば相矛盾し対立する。六〇年末の大学の大混乱は、「近代」が派生させた事態の間の対立抗争であった。こうした状況を目撃して、マルクス系の思想的立場は、叛乱を単なる暴力かあるいは反革命的と断じ、いわゆる「近代主義」たちは、混乱の解決策を「近代」の原理からとり出そうとした（その典型のひとつとして、丸山真男『自己内対話』）。そしてぼくは、この状況に「近代の経焉」をみる考え方に共感した、本文にも書いたように。何百年もかけて形成された「近代」が、ある日突然消滅、というようなことはありえない。しかし、あれから四半世紀の間、「近代」は確実に「終焉」の過程にある。認めたくないムキもあろうとは思うが。ぼくの共感は間違っていなかった……。

(17)　この場合を連続性の破綻とみるか、持続とみるか、はその人のメディア観・コミュニケーション観による。ふたつの立場は、ほぼ等しい正当性をもっているとみるけれど（両者で議論して結論が出るとは思えない）、ぼく個人としては、意味転換もコミュニケーションの一形態であり、メディアと個人の関係には、あるべき関係としてその種の転換があると考えている。

(18)　ある「メディア空間」から別の空間への移動。聴いていた音楽を途中でやめて、別の音楽作品にする——こんな些細にみえることでも、「世の中」が変わってしまった気分になることがある。異質の文化への転換。他方、たとえば新聞からテレビへとメディアを変えてみても、変わってほしい気分が変わってくれない、ということもある。

(19)　この部分のイメージには、当然「カプセル人間」が含まれている。したがって、ぼくとしては、この部分の理解を深めるために、読者には、「カプセル人間」に関して書かれたエッセイに眼を通してほしい、と思う。だったら、ここで書けばいいといわれそうだけれど、たまにはカプセル人間抜きで書いてみたかとはない。

った。いうまでもないが、カプセル人間についての知識がないと、この部分の理解ができない、ということはない。

(20)「全共闘運動」の社会思想史的、いや歴史的位置づけがなされていないことは、前にも指摘した。ぼくは、これもすでに書いたことだけれど、六〇年代というのは、ロシア・中国革命以上に、歴史的に意味の重い出来事が起こり、歴史が大きく変曲した時代だと考えている。したがって、六〇年代に、いうならば「端を発した」ことがらについては、そのすべてが、社会史的・社会思想史的分析・考察に値すると思う。ニュー・ファミリーもそのひとつ。なにしろ、その源をたどると全共闘運動や、新憲法感覚の定着や、六〇年若者文化や、等々にたどりつく。だから、単なる風俗現象、マーケッティングではない。少なくとも、生活文化・生活史といった文脈にのせて考えてみる価値はある。もちろん、社会史・社会思想史・社会意識といった文脈にも属する問題であるのだが。「ニュー・ファミリー?、もう死語でしょ!」ではすまない問題があって、どうやらこれまた、手付かず、である。

(21)　本来なら本文でくわしく説明すべきことなのだろうが、いくらか主題の展開からはずれるので、ここで書くことにする。

彼らの男女関係観には、まさに新憲法の思想を体現しているところがあった。恋愛・結婚等で、男が女を、女が男を独占的に所有するようなありかたは許せなかった。したがって、既婚であろうがなかろうが、フリーセックスはごく自然なことであった。フリーセックスとレイプの差は、実際には紙一重である。バリケードで封鎖され、無政府状態だった大学構内では、しばしばレイプが発生したといわれている。人間は、性における自由に、むしろ耐えられないのだ。が、彼らは、この男女観・セックス観を家庭で実現した(?)。彼と彼女の関係は夫と妻の関係ではなく、子どもと彼らの関係は親子関係ではない。したがって、彼らの世代が結婚するようになって、離婚その他、今日「家族の崩壊」といわれている現象が増加する。マーケッターたちが、そういう誘導をしたとは思えない。

あとがき

はしがきに、いいわけじみたことを多々書いたので、あとがきとして書かねばならないことは、もうほとんど残っていない。

七〇年代の初めの頃、伝統的なコミュニケーション論を、まず「情報」とか「環境」とか、「メディア」とか「空間」とかいった概念を再定義し、それを使って書き直さねば、と思った。断片的には、いくつかの小論文・エッセイで手をつけている（これらの小論文・エッセイの大半は八〇年代から九〇年代にかけて刊行された著書・編著書に独立の論文として収録されている。関心と興味のある方は目を通していただくといい）。しかし、体系的に書き直すには至らなかった。九〇年代になって、書き直し・組み換えの必要性をますます感ずるようになったけれど、その機会はなく、相変わらず断片的エッセイを書くのみだった。

ただ、所属学部の紀要に、体系化する場合の基礎になるはずの小論文を書き始めていた。前著・本書とも、その小論文が二割程度含まれている。それらを軸として体系化を試みる。その機会を与えてくださったのが、勁草書房である。どういう感謝のことばが適当なのか。

本書も前著同様、編集部の島原君・橋本さんの協力による。彼らの協力なしに本書はありえなかっただろう。末尾ながら、両君に感謝する。本当にありがとう。

二〇〇一年二月

中野　収

索　引

——さ

——や

——ら

参考文献について

参考文献に関しては、前著『メディア人間』のそれとほとんど重複しているので、あらためて再掲載はしない。どの部分の叙述がどの本の示唆に負っているか、は前著同様、ほとんど思い出せない。心当りを書き出したら相当な冊数になることはたしかだ。今回は、本書を書くにあたって、その内容・記述が気になって仕方なかった書名を何冊かあげるに止める。

和書はいずれも西垣通氏の著作である。

『ペシミスティック・サイボーグ』（青土社、1994年）
『デジタル・ナルシス』（岩波書店、1997年）
『マルチメディア』（岩波書店、1994年）
『聖なるヴァーチャル・リアリティ』（岩波書店、1995年——品切）
編訳『思想としてのパソコン』（ＮＴＴ出版、1997年）
であり、それに正村俊之『情報空間論』（勁草書房、2000年）である。

洋書は以下。

Perry, L “Hyperreality and Global Culture” Routledge, 1998
Dixon and Cassidy “Virtual Futures” Routledge, 1998
Jordan, Tim “Cyber power” Routledge, 1999
Duff, A.S. “Information Society Studies” Routledge, 2000
Herman, A. and Swiss, T. ed. “The World Wide Web” Routledge, 2000

これらの文献に直接関わる記述は本書にはない。が、前にも書いたように「メディア空間とは……」と考える時、各著書に指摘されている事実や、当該問題に対する著者たちのイメージや思考や記述は、常時気になっていた。たとえばの話だけれど「『Cyber space』はいかにメディア空間であるのか」。その

とらえかたによっては、本書であつかったメディア空間についての認識も思考も記述も、変わらざるをえないだろう、と思っていたからである。この問題については、本文にもあるように、機会があれば本書の続編で考えてみるつもりでいる。

著者略歴
1933年　長野県生まれ
1959年　東京大学大学院社会科学研究科博士課程修了
現　在　法政大学社会学部教授
著　書　『ビートルズ現象』(紀伊国屋書店，1978年)『現代人の情報行動』(日本放送出版協会，1980年)『ナルシスの現在』(時事通信社，1984年)『コミュニケーションの記号論』(有斐閣，1984年)『メディアと人間』(有信堂，1991年)『スキャンダルの記号論』(講談社，1987年)『都市の「私物語」』(有信堂高文社，1993年)『「家族する」家族』(有斐閣，1992年)『戦後の世相を読む』(岩波書店，1997年)『メディア人間』(勁草書房，1997年)など。

メディア空間　コミュニケーション革命の構造

2001年4月20日　第1版第1刷発行

著　者　中《なか》　野《の》　　収《おさむ》
発行者　井　村　寿　人

発行所　株式会社　勁《けい》　草《そう》　書　房

112-0005 東京都文京区水道2-1-1 振替 00150-2-175253
(編集) 電話 03-3815-5277／FAX 03-3814-6968
(営業) 電話 03-3814-6861／FAX 03-3814-6854
図書印刷・鈴木製本

ISBN-4-326-65252-7
http://www.keisoshobo.co.jp